SIX MILLE LIEUES

EN

SOIXANTE JOURS

(AMÉRIQUE DU NORD)

PAR

Edmond COTTEAU

MEMBRE DE LA SOCIÉTÉ DE GÉOGRAPHIE

AUXERRE

IMPRIMERIE DE GUSTAVE PERRIQUET

1877

SIX MILLE LIEUES EN SOIXANTE JOURS

SIX MILLE LIEUES

EN

SOIXANTE JOURS

PAR

Edmond COTTEAU

MEMBRE DE LA SOCIÉTÉ DE GÉOGRAPHIE

Extrait du Bulletin de la Société des Sciences historiques et naturelles de l'Yonne,
1er semestre 1877.

AUXERRE

IMPRIMERIE DE GUSTAVE PERRIQUET

1877

SIX MILLE LIEUES
EN
SOIXANTE JOURS

I.

LONDRES. — MANCHESTER. — LIVERPOOL. —
LA TRAVERSÉE.

Chaque année, lorsque les circonstances me l'ont permis, j'ai consacré la meilleure partie des mois d'août et de septembre à quelque rapide excursion en Europe ou dans le bassin de la Méditerranée.

De Cadix à Nijni-Novogorod, du cap Nord au cap Matapan, d'Edimbourg au Caire, j'avais déjà sillonné notre vieux continent. Chaque voyage a eu pour résultat de m'inspirer le désir de voir de plus lointaines contrées. Aussi, l'exposition du Centenaire américain à Philadelphie a-t-elle été plutôt le prétexte que le but réel du voyage que j'ai fait cette année en Amérique.

Dans l'excellent recueil *Le Tour du Monde*, publié sous

la direction de M. Charton, a paru, en 1875, le récit d'une excursion au Canada, par M. de Lamothe. L'auteur se félicite, à divers points de vue, d'avoir suivi l'itinéraire de la ligne Allan, à la fois plus court et plus pittoresque. Des renseignements précis me furent donnés à l'agence établie à Paris, rue du Quatre-Septembre, et je me décidai à retenir une place de cabine à bord du *Sardinian*, qui devait quitter Liverpool le 31 août 1876, à destination de Québec. Je n'eus qu'à m'applaudir de cette détermination.

Le samedi soir, 26 août, je quittais Paris en vrai touriste, n'ayant pour tout bagage qu'un sac en toile avec ma couverture roulée par-dessus ; le tout pouvant se porter facilement sur le dos, à l'aide de bretelles.

J'avais choisi pour me rendre à Londres la route de Dieppe, ayant l'intention de m'arrêter à Brighton pour y visiter l'aquarium récemment installé dans cette ville, mais j'avais compté sans la grosse mer et sans le Dimanche anglais. Partis à six heures du matin de Dieppe, nous aurions dû arriver à midi à Newhaven ; mais nous eûmes trois heures de retard ; il n'y avait plus ce jour-là de train en correspondance avec Brighton, et je dus me résigner à me rendre directement à Londres.

C'était la quatrième fois que je visitais l'immense métropole anglaise ; je consacrai deux jours entiers à revoir les admirables collections du British Museum et de South Kensington ; dans ce dernier établissement, classé avec un ordre parfait, à chaque objet se trouve une note indiquant le sujet, son origine et son histoire, ainsi que la date de son acquisition et même le prix qu'il a coûté. Tout cela rend la visite de ce musée particulièrement intéressante.

A peu de distance de South Kensington se trouve le musée Indien, où étaient exposés depuis peu les cadeaux reçus par S. A. le prince de Galles, pendant son récent voyage dans l'Inde, dans l'hiver de 1875-1876.

Une immense galerie au premier étage suffit à peine à les contenir. Ce ne sont que châles, tapis, étoffes d'or et d'argent, broderies constellées de pierres précieuses, armes niellées, perles, diamants, bijoux, ivoires, etc., le tout à profusion et d'une richesse inexprimable. De nombreuses photographies, des portraits de rajahs, des scènes de chasses, des croquis humoristiques tapissent les murailles et ne sont pas la partie la moins intéressante de cette curieuse exposition.

Je ne veux pas quitter Londres sans mentionner le magnifique mausolée du prince Albert, avec tout un peuple de statues en marbre blanc. En face de l'*Albert Memorial*, se trouve le *Royal Albert Hall of Arts and Sciences*, rotonde immense destinée à desconcerts et à des conférences ; elle est construite dans le style de la renaissance italienne et peut contenir aisément huit mille personnes. Citons aussi, parmi les récents embellissements de Londres, les beaux quais de la Tamise, qui s'étendent déjà sur une longueur de plus de quatorze kilomètres, tant sur la rive droite que sur la rive gauche du fleuve.

Le 30 août, cinq heures après avoir quitté la gare d'Euston, terminus à Londres du North Western rail-way, la grande cité de Manchester m'apparaissait sous un aspect peu séduisant, couverte d'un nuage épais de brouillards et de fumée, d'où émergeaient à perte de vue d'innombrables cheminées d'usines.

Notre train avait conservé une vitesse d'au moins

soixante kilomètres à l'heure, avec cinq ou six arrêts d'une minute seulement, sur tout le parcours de plus de trois cents kilomètres.

On traverse d'abord une contrée verdoyante, légèrement ondulée, entrecoupée de grasses prairies où paissent de gros moutons. Une heure avant d'arriver à Manchester, le paysage change d'aspect ; quelques collines surgissent à droite ; le pays se couvre de fabriques et de hauts fourneaux. A Stockport, il y en a aussi loin que la vue peut s'étendre, et cela jusqu'à Manchester, distant d'une douzaine de kilomètres.

Grâce aux tramways qui circulent incessamment dans toutes les directions, j'ai pu, en quelques heures, me faire une idée de cette colossale agglomération de manufactures qui s'appelle Manchester, et où plus de cinq cents mille êtres humains sont condamnés à vivre dans une atmosphère perpétuellement enfumée.

C'est sans le moindre regret que, du haut du viaduc qui traverse la ville de part en part, j'ai jeté un dernier coup d'œil sur ces hautes et noires murailles de briques sales, sur cet amas de fabriques dont les produits se répandent incessamment dans le monde entier. Une heure après, j'arrivais à Liverpool et je me présentais au bureau de la ligne Allan pour y remplir les dernières formalités relatives à mon passage.

Nous sommes au 31 août ; c'est à quatre heures du soir que doit avoir lieu le départ du *Sardinian* ; la journée s'annonce sous de mauvais auspices. Pendant toute la nuit le vent et la pluie ont fait rage ; au jour la tempête redouble de violence ; une pluie glaciale et torrentielle me retient à l'hôtel. Sous l'influence de cette inaction forcée, énervé par l'ouragan qui sévit au dehors, et au moment de franchir pour la première fois l'Atlantique, je commence à me laisser aller à des réflexions mélancoliques. Mais les plus longues heures ont une fin. Vers trois heures, sac au dos, je me hasarde dans la rue, et luttant contre un vent violent qui me cingle au visage une pluie fine et serrée, je me dirige vers l'embarcadère.

L'immense quai flottant dont j'avais admiré les larges proportions en 1869, a brûlé il y a quelques années et a été reconstruit plus vaste encore.

La violence du vent est telle que j'ai peine à me maintenir en équilibre sur cette surface librement balayée par la tempête. Enfin, je parviens à gagner l'endroit où est amarré le petit vapeur qui doit me transporter au *Sardinian*, que sa grandeur retient loin du rivage. Les flots jaunâtres de la Mersey balancent terriblement notre frêle bateau encombré de bagages et de passagers. Chassé par la pluie, je descends au salon, où je constate que le mal de mer a déjà fait de nombreuses victimes.

Vers quatre heures, nous quittons le *pier*, et cinq minutes après, nous accostons le *Sardinian*, dont les flots agités sont impuissants à soulever l'énorme masse, tandis que notre petit vapeur, semblable à la mouche du coche, s'agite follement le long de ses vastes flancs. Les derniers adieux, abrégés par la pluie qui ne cesse de tomber par torrents, s'échangent entre les passagers, leurs familles et leurs amis qui regagnent le rivage. Pendant quelques minutes encore on voit les mouchoirs s'agiter de part et d'autre ; puis notre colosse se met lentement en route, et le dernier lien qui nous rattachait à la terre est rompu. Bientôt après la cloche du dîner nous appelle à la salle à manger ; heureuse diversion qui vient couper court à l'émotion du départ et des adieux.

Nous sommes au grand complet ; et, par suite, malgré les vastes proportions du salon, très gênés à table. Quand je remonte sur le pont, Liverpool a depuis longtemps disparu ; nous sommes toujours dans la Mersey, dont les eaux sales et bourbeuses sont fort agitées, et nous ne tardons pas à mettre en panne pour attendre la marée qui nous permettra de franchir les dernières passes conduisant à la mer d'Irlande. Il fait nuit et la pluie ne cesse pas ; je me réfugie dans le salon des fumeurs « Smoking room » installé sur le pont. Vers neuf heures, le *Sardinian* se remet en marche, et peu de temps après commence à danser sérieusement ; ce qui m'indique clairement que nous en avons fini avec la Mersey et que nous avons atteint la pleine mer.

Quelques passagers tiennent bon ; je suis du nombre ; mais, tout-à-coup, une vague énorme balaye le pont et, pénétrant par la porte ouverte de notre chambre, nous inonde complétement ; de là, retraite générale. Je me réfugie dans la cabine que je partage, moi troisième, avec deux Anglais.

Les oscillations invraisemblables, le craquement continu des ais du navire, le fracas des vagues qui se brisent sur ses flancs me tiennent quelque temps éveillé. Mais ce concert n'était pas nouveau pour moi ; je finis par m'endormir et même par passer une assez bonne nuit. Il me semblait que peu à peu le mouvement se ralentissait et que le bruit allait en s'affaiblissant.

Je ne me trompais pas ; le lendemain, en montant sur le pont, je vis avec plaisir que la mer était relativement tranquille. Le temps était doux et le soleil levant promettait une belle journée.

Pendant la nuit nous avons dépassé l'île de Man ;

maintenant nous naviguons par le travers du North-Channel qui sépare l'Écosse de l'Irlande; au loin à droite on aperçoit les hautes terres de la presqu'île de Cantire, tandis que nous longeons à gauche, à quelques milles au large, les côtes Irlandaises, au nord du golfe de Belfast. Vers dix heures, nous passons tout près de la terre, laissant au nord la petite île de Ruthlin. C'est là que s'étend, le long de la côte irlandaise, sur une ligne de plusieurs kilomètres, la fameuse *Chaussée des Géants*. Cette curiosité naturelle consiste en un promontoire formé par d'innombrables colonnes polygonales de basalte, exactement adaptées les unes aux autres, et dont l'assemblage représente de loin tantôt une vaste fortification, tantôt un gigantesque escalier.

Vers midi, nous pénétrons dans le fior de Londonderry. On s'arrête à cinq cents mètres du rivage, en face du petit bourg de Moville, que domine un vieux château ruiné, indiqué sur la carte sous le nom de Greencastle. La campagne est boisée et paraît fort jolie, parsemée de nombreuses maisons de paysans et divisée en champs bordés de haies vives, comme en Bretagne; çà et là sur le rivage d'élégantes villas à moitié cachées sous les grands arbres.

C'est ici que nous devons prendre les dernières dépêches pour l'Amérique. Nous attendons la malle de Londres, en retard à cause de la tempête d'hier et qui n'arrivera que fort avant dans la soirée. Profitons de cette circonstance pour faire connaissance avec notre navire et aussi avec ses habitants.

Le *Sardinian*, capitaine Dutton, est le plus grand navire de la ligne Allan; c'est aussi l'un des meilleurs marcheurs; il jauge 4,376 tonneaux. Sa longueur est de

450 pieds, sa largeur de 45 seulement. Son excessive longueur le rend susceptible d'une très grande vitesse, mais au détriment de la stabilité. Le pont est entièrement de plain pied ; grand avantage pour les amateurs de promenade qui peuvent faire presque deux cents pas de l'arrière à l'avant. La machine, dont je n'ai pu savoir exactement la force réelle, est construite d'après un nouveau système, qui permet d'utiliser la totalité du calorique produit, tout en économisant notablement le combustible. Lorsque le vent est favorable, les voiles sont déployées et nous filons juquà 15 nœuds 1/2 à l'heure (28 kilomètres 700 mètres). Notre vitesse moyenne a été de 14 nœuds 1/2, soit 27 kilomètres. Le nœud égale le mille marin qui est de 1,852 mètres 5.

Un large escalier conduit au salon qui sert aussi de salle à manger et occupe tout l'arrière du bâtiment. Au dessous se trouvent une vingtaine de cabines de première classe. A la suite du salon, deux longs couloirs donnent accès aux autres cabines, divisées en trois catégories selon leur position, mais donnant aux passagers un droit égal à la table et au salon. Puis viennent les cabines de classe intermédiaire ou deuxième classe, les chambres des officiers, des mécaniciens, de l'employé des postes, etc., etc. A l'avant sont les dortoirs des passagers de pont (Steerage), les cadres des chauffeurs et des matelots.

Les passagers de cabine sont au nombre de cent trente quatre, y compris une douzaine d'enfants. Deux Autrichiens, un Allemand, un Américain et moi représentons l'élément étranger. Tous nos autres compagnons de voyage sont Anglais ou Canadiens. La plupart de ces derniers parlent français. Du reste le français est la langue maternelle des Canadiens originaires de Montréal, de Québec et du bas Saint-Laurent. Ceux du Haut-Canada et de la région des lacs ne parlent guère que l'anglais. Mais tous, Canadiens français et Canadiens anglais, m'ont témoigné la plus grande bienveillance et se sont empressés de me donner tous les renseignements que je leur demandais sur le pays que j'allais visiter.

La malle de Londres n'est arrivée qu'à onze heures du soir; on a chargé à bord du *Sardinian* une cinquantaine de gros sacs de dépêches, et nous avons été enfin libres de partir.

Je transcris ici quelques notes prises au jour le jour pendant ma traversée de l'Atlantique :

Samedi, 2 septembre. — Nous avons roulé toute la nuit et nous roulons encore d'une façon remarquable. Cependant le soleil brille, le temps est beau ; mais la mer est toujours très forte et je ne puis écrire que difficilement. Rien en vue depuis ce matin ; quelques grands oiseaux suivent notre sillage. Dans la soirée, le tangage cesse ; le roulis seul se maintient. — Belle nuit éclairée par la pleine lune.

Dimanche, 3 septembre. — Le temps, qui était assez beau ce matin, devient fort mauvais dans l'après-midi. Le service religieux a été célébré au salon ; c'est le capitaine qui a fait la lecture de la bible. Le soir, à huit heures, il y a eu encore office avec cantiques ; jusqu'à dix heures, malgré le roulis, le piano a accompagné les chants sacrés. Avant de regagner ma cabine, je suis allé faire un tour sur le pont. Nous marchons toute voilure déployée, ce qui fait très bon effet au clair de la lune. De plus, nous devons faire ainsi beaucoup de chemin.

Lundi, 4 septembre. — Je ne me trompais pas : voici le point affiché à midi au salon. — Latitude 56° 46', Longitude 31° 46'. Nombre de milles parcourus depuis la veille, 350. Total depuis Moville, 1035. — Notre vitesse moyenne dépasse 14 nœuds 1/2 à l'heure. C'est un résultat très satisfaisant. Ma montre que j'ai laissée à l'heure de Londres marque deux heures ; à bord, il n'est que midi. Nos journées sont donc en réalité de vingt-quatre heures et demie. Au retour, elles ne seront plus que de vingt-trois heures et demie. Il en résulte ceci : qu'à vitesse égale, on parcourt, par jour, un plus grand nombre de milles dans le premier cas que dans le second.

Nous nous sommes élevés au nord de plus de 2°. Si nous avions toujours suivi le 54° parallèle qui est celui du nord de l'Irlande, nous aurions, en réalité, tracé une ligne courbe ; le plus court chemin est celui qui passe par le grand cercle, et c'est pour le rejoindre que nous avons fait route au nord.

Ce matin, nous avons franchi la ligne idéale qui sépare l'Atlantique en deux parties égales de la côte d'Irlande au détroit de Belle-Ile. C'est le point le plus resserré de cette mer entre l'Europe et l'Amérique ; la distance entre les deux côtes opposées n'est à cette latitude que de 3,600 kilomètres.

Mardi, 5 septembre. — Au froid piquant d'hier a succédé une température plus douce. Cependant nous sommes par le travers du détroit de Davis, et à cent lieues seulement du cap Farewell, pointe sud du Groënland. Le roulis est moins violent. Aussi voyons-nous de nouveaux visages faire leur apparition à la salle à manger.

Je n'ai encore rien dit des repas du bord, bien que, dans une traversée aussi longue que celle de l'Atlantique, la table joue un rôle assez important. A huit heures et demie, déjeuner ; à deux heures, lunch ; à six heures, dîner ; à dix heures, thé. La cuisine, en général, est peu

variée, les volailles sèches et dures, la pâtisserie lourde.
Lorsque le temps est beau et que le personnel des passagers est à peu près complet, le service est mal fait.
Obtenir du pain est toujours chose difficile. Cependant
les garçons, rangés en ordre de bataille, obéissent militairement au son d'un timbre parti du buffet élevé où
trône le *stewart* ; chaque plat est apporté, découvert, et
enlevé simultanément par une douzaine de bras. Mais le
service n'en va pas mieux pour cela, surtout lorsque,
comme moi, le patient n'a pour se faire entendre qu'un
vocabulaire restreint de mauvais anglais.

Toutefois, je remarque que le garçon préposé à mon
service et qui ne savait pas un mot de français au début
du voyage, fait journellement de notables progrès dans la
pratique de cette langue. Aurait-il, par hasard, mis la
mains sur un manuel anglo-français oublié par moi, un
soir, sur la table du salon, et que je n'ai jamais pu retrouver ?

Les passagers de troisième classe sont peu nombreux.
Parmi eux se trouvent un Belge et deux Francs-Comtois,
qui s'expatrient sans trop savoir pourquoi, et n'ont sur
l'Amérique en général et le Canada en particulier, que
des notions fort confuses. Un jeune Parisien, ouvrier
mécanicien, retourne au Canada, qu'il a quitté l'année
dernière, après un séjour de trois années. Ce jeune homme,
qui me paraît bien connaître le pays, me dépeint sous
d'assez tristes couleurs le rôle de certains de nos compatriotes à l'étranger.

Je me promène souvent avec un brave Danois, passager de seconde classe, et qui entreprend, pour son plaisir,
le tour du monde. Il visitera le Canada, l'Exposition de
Philadelphie, s'embarquera à San-Francisco pour le

Japon, ira en Chine, aux Philippines, aux Moluques, traversera l'Inde et reviendra chez lui par Suez et Constantinople. Pour ce grand tour, huit mois et dix mille francs lui suffiront; comme moi, il voyage sans bagages; je ne lui cache pas le désir que j'aurais de l'accompagner. — Notre capitaine est très pieux ; il a fait afficher au salon que chaque soir, de huit heures à dix heures, il y aurait, dans sa cabine, lecture de la Bible et conférence religieuse. Je m'y suis aventuré aujourd'hui ; on m'a donné une bible et chaque assistant a lu son verset à la ronde ; puis on a discuté et commenté le sens réel et mystique de chaque verset. Un des assistants a prêché et la séance s'est terminée par des cantiques.

Mercredi, 6 septembre. — Ce matin, temps splendide. C'est la plus belle journée depuis le commencement du voyage. Personne n'est plus malade et le temps se passe fort gaiement. On joue beaucoup sur le pont au *Shuffle Board* et au *Quoit*. Le premier de ces jeux est assez intéressant ; il consiste à lancer, à l'aide de longs manches, des disques de bois dans certains carrés numérotés tracés à la craie. Chaque joueur a deux palets à lancer ; toute l'adresse du jeu consiste à se bien placer et à déloger les disques de l'adversaire.

Le *Quoit* est plus simple ; il s'agit d'enfiler dans un petit bâton placé verticalement des rondelles de cordes lancées à la main. De fort graves personnages et de jeunes Miss se livrent avec entrain à ces distractions, tandis que les ladies, tout enveloppées de fourrures et à demi couchées dans de larges fauteuils à bascule, viennent, pour la première fois, respirer sur le pont l'air vivifiant de l'Océan.

Dans la *smoking room* on organise une loterie sur le

nombre de milles qui sera affiché au salon. Chaque billet coûte un schelling, mais doit être remis aux enchères par son propriétaire qui verse à la caisse commune la moitié du prix de vente. C'est ainsi que le numéro gagnant se trouve mis en possession d'une poule de huit à dix livres sterling. De là, au repas du soir, une large distribution de champagne aux frais de celui que la fortune a favorisé.

L'événement de la journée a été le passage, à peu de distance, d'un grand steamer de la ligne Dominion, se rendant de Québec à Glascow. Sauf deux voiliers aperçus le premier jour, c'est le premier navire que nous rencontrons sur notre route et ce sera probablement le seul ; car la voie du nord est peu fréquentée. Toutes les autres lignes de steamers ont leur itinéraire fixé au sud des bancs de Terre-Neuve.

Sous l'influence du beau temps, on devient plus communicatif. Je m'aperçois que la plupart de mes compagnons de voyage parlent français ; j'en profite pour faire de nouvelles connaissances et obtenir de nombreux renseignements sur les contrées que je me propose de visiter. Un certain nombre de Canadiens regagnent leurs foyers, après une tournée de plaisir en Europe ; munis de billets circulaires de l'agence Cook, ils ont visité Londres, Paris, la Suisse et le nord de l'Italie. En général, les passagers Anglais ont pour objectif l'exposition de Philadelphie ; de là quelques-uns se proposent de pousser jusqu'à San-Francisco et de revenir en Europe par le Japon, la Chine et l'Inde.

Ce voyage de circumnavigation leur est particulièrement facile ; partout ils seront chez eux ou du moins dans des pays où domine la langue anglaise.

Quelques mois plus tôt, nous aurions rencontré de nombreux icebergs descendant en troupes serrées des glaciers du Groenland. Mais la saison est trop avancée et nous avons peu de chance d'en apercevoir. D'autre part, nous avons un temps exceptionnellement favorable, exempt des brouillards qui règnent presque constamment dans ces parages.

Le soir, au salon, on organise, comme divertissement, un procès burlesque. De respectables gentlemen ne dédaignent pas de s'affubler d'énormes perruques, à la mode des magistrats anglais. Ce doit être fort drôle, si je m'en rapporte aux rires du public. Malheureusement, mon peu d'expérience de la langue anglaise ne me permet pas de saisir les finesses du dialogue et c'est de confiance que j'applaudis à l'éloquence grotesque des avocats et aux plaisanteries des témoins.

La veille nous avions eu un concert auquel avaient été conviés deux Irlandais, passagers de pont, qui ont joué sur l'accordéon et le flageolet de jolis airs de leur pays. Cette soirée s'était terminée par l'expulsion d'un Allemand qui, excité par de copieuses libations et ne trouvant pas à son goût certaine scène comique chantée en patois allemand, avait, à plusieurs reprises, témoigné de sa mauvaise humeur par des grognements significatifs.

Jeudi, 7 septembre. — Ce matin, à cinq heures, par une nuit noire et une pluie torrentielle, on a reconnu Belle-Ile, à l'entrée du détroit du même nom, qui sépare le Labrador de l'île de Terre-Neuve. Nous avons donc franchi tout l'Atlantique en cinq jours et six heures.

Ceux qui ont eu la bonne fortune de se trouver sur le pont, au lever du jour, ont pu voir, outre des masses de glaçons échoués sur le rivage, deux grands icebergs flottants plus gros que notre navire et beaucoup d'autres plus petits aux alentours ; à droite, la côte basse du Labrador ; à gauche, les hautes montagnes de Terre-Neuve, à moitié cachées par le brouillard.

Une heure après, lorsque je parus sur le pont, rien n'était plus en vue. Le détroit n'était pas encore franchi, mais une pluie fine et serrée, jointe à un brouillard épais, hôte habituel de ces tristes et froids parages, me dérobait la vue des côtes.

Ce n'est que vers neuf heures et demie que j'ai salué, pour la première fois, entre deux nuages et à deux milles environ, dans la direction du nord, la terre américaine. C'était le Labrador qui se profilait en côte basse et sombre et disparaissait, peu de minutes après, dans le brouillard opaque. En même temps, à un mille vers le sud, un magnifique iceberg se présentait à nos regards. Il se terminait en deux pointes acérées dont la plus haute dépassait les mâts de notre navire. Son volume apparent n'étant que la septième partie de la masse totale, nous avions donc sous les yeux un bloc de glace d'une épaisseur d'environ trois cents mètres. Je fus d'autant plus satisfait de l'apercevoir que, le matin, j'avais laissé échapper une occasion que je n'espérais plus retrouver.

Toute la journée le mauvais temps persiste. Cependant la mer est tranquille. En effet, nous naviguons dans un vaste bassin intérieur formé par l'estuaire du Saint-Laurent, le Labrador, Terre-Neuve et les côtes du Nouveau-Brunswick.

A table, on a enlevé les tringles de sûreté, vulgairement « les violons, » indispensables jusque-là. Nous filons toujours nos 14 nœuds 1/2, malgré vent et brouillard. Cependant le roulis est presque nul, et c'est la trépidation de l'hélice qui gêne le plus pour écrire. Nous redescendons rapidement vers le sud ; aussi les journées sont-elles moins longues. De suite après dîner il fait nuit close.

Ce soir, il y a eu bal au salon. On a déplacé quelques tables et la jeunesse *flirtante* a exécuté le quadrille des Lanciers.

Vendredi, 8 septembre. — La pluie a disparu ; mais il fait froid, et, bien que le soleil brille de tout son éclat, le thermomètre ne s'élève pas au-dessus de 7°. Notre route passe au sud de l'île d'Anticosti, longue terre basse que nous apercevons dans le lointain. Le chenal du nord nous offrirait une voie plus courte ; mais il est étroit, semé de dangereux récifs et bas-fonds, et presqu'impraticable aux gros navires. Aussi est-il à peu près abandonné par la navigation.

Bientôt se dressent à l'horizon les hautes falaises du cap Gaspe, pointe extrême de la presqu'île, située au sud de l'embouchure du Saint-Laurent. Dans les eaux de notre navire se joue une baleine, dont le passage est signalé par des jets intermittents de vapeur d'eau.

Nous sommes à peine à un kilomètre de terre ; nous passons, souvent à portée de la voix, près de petites barques montées par deux hommes qui se livrent à la pêche de la morue, fort abondante sur ces rivages. Ces braves gens salués par nous, répondent en Français. Dans toute la région du Saint-Laurent inférieur, le français est la langue maternelle des habitants qui, pour la plupart, dans les villages, ne savent pas un mot d'anglais.

Au fond des anses on aperçoit de petits hameaux et quelques champs cultivés aux alentours. Puis la forêt reprend son empire. De noirs sapins couvrent les montagnes, s'étagent sur les collines et descendent jusqu'au rivage. Beaucoup sont morts de vieillesse, mais on les voit encore debout, dépourvus de leur écorce et semblables à de grands spectres blancs. D'autres jonchent le sol où ils pourrissent lentement. Une partie de ces bois abandonnés est entraînée dans la mer qui les rejette incessamment sur le rivage où ils forment un amas inextricable de troncs dépouillés et grisâtres. Vers la fin de la journée, les montagnes deviennent plus élevées ; l'immense forêt en couvre les sommets les plus reculés. On me dit que les ours sont fort nombreux dans cette région ; je n'ai pas de peine à le croire, car la hache du bûcheron n'a pas encore pénétré dans ces retraites inaccessibles et le pays est trop froid pour que la forêt puisse être remplacée par des cultures productives.

Toute la journée le beau temps se maintient et nous longeons ainsi la rive sud de l'immense fleuve sans jamais apercevoir le rivage opposé.

Vers cinq heures, on a cru l'entrevoir ; mais c'était un effet de mirage semblable à celui dont j'ai été témoin en 1869, dans le West-Fiord, près des îles Loffoden. Cette côte fantastique changeait d'aspect à tout moment et affectait parfois la forme d'un pont gigantesque jeté sur la mer.

Dans la soirée, nous avons eu le spectacle d'une splendide aurore boréale. Variant sans cesse d'aspect, déployant à l'horizon ses draperies étincelantes de blancheur et dardant continuellement dans l'espace de merveilleuses irradiations multicolores, cet intéressant phénomène, malgré le froid, nous a retenus sur le pont jusqu'à une heure fort avancée de la nuit.

Samedi, 9 septembre. — Dans la nuit nous avons débarqué les dépêches à Rimouski. Quelques passagers, à destination du Nouveau-Brunswick et de la Nouvelle-Écosse sont partis par le chemin de fer, qui, de Québec, passant à Rimouski, vient aboutir à Halifax et dessert les provinces orientales du Dominion.

Maintenant nous défilons entre les deux rives du Saint-Laurent, large en cet endroit de quinze à vingt kilomètres. Nous avons dépassé l'embouchure de la célèbre et pittoresque rivière Saguenay qui sort du lac Saint-Jean et vient apporter au Saint-Laurent le tribut des eaux de la vaste et froide contrée avoisinant la baie d'Hudson.

Le pays devient de plus en plus fertile et peuplé ; çà et là se montrent de coquettes églises aux brillants clochers. Le fleuve est semé d'îles et d'îlots. Bientôt apparait l'île d'Orléans, longue de trente kilomètres et divisée en champs réguliers. Chaque cultivateur a bâti sa demeure sur sa propriété. Presque toujours la maison est construite à une centaine de pas du fleuve dont la berge doucement inclinée a été convertie en jardin ou en verger. C'est un village long de sept lieues que nous cotoyons à toute vapeur.

A l'extrémité de l'île on aperçoit à un tournant la chute formée par le Montmorency, large rivière qui se précipite d'un seul jet dans le Saint-Laurent, d'une hauteur de quatre-vingts mètres. Malgré l'éloignement, nous la voyons fort bien du bateau. On me raconte que, pendant les rigoureux hivers de ce pays, il se forme au pied de la cascade un énorme cône de neige et de glace. On y vient alors de Québec en partie de plaisir. Des courses de traîneaux s'organisent aux alentours, et la jeunesse canadienne s'amuse à se laisser glisser le long des parois du cône glacé.

Bientôt après, Québec nous apparaît perchée sur un rocher au bord du Saint-Laurent. Ses nombreux clochers aux tuiles métalliques, ses toitures de fer blanc étincelant au soleil, lui donnent l'aspect d'une ville russe. Il me semblait revoir la vieille cité Nijni dominant le cours du Volga.

Le brave *Sardinian* se fraye lentement un passage à travers une foule de navires que sa masse imposante paraît écraser ; à midi, nous sommes amarrés à la pointe Lévy, sur la rive opposée à la ville.

Notre traversée est terminée. En sept jours et demi nous avons franchi la distance de 2,650 milles (4,910 kilomètres) qui nous sépare de la côte d'Irlande.

Au déjeuner, à la suite de plusieurs speechs, on a porté un toast à la santé du capitaine Dutton et de son navire. Rien ne me retient plus ; mon sac est bouclé ; et, le premier de tous, prenant en pitié nos compagnons que leurs bagages retiennent à bord, je franchis la passerelle vacillante et je touche enfin du pied le sol de l'Amérique.

Quelques minutes après je suis à bord du bateau omnibus qui fait la navette entre les deux rives du Saint-Laurent.

II.

LE CANADA. — QUÉBEC. — MONTRÉAL.
LE SAINT-LAURENT. — LES RAPIDES. — LES MILLE ILES.
LE LAC ONTARIO. — TORONTO.

Québec (les Anglais prononcent Couébec) se divise en haute et basse ville. Je ne dirai que peu de mots de la basse ville, qui s'étend le long du rivage et se compose de quartiers commerçants et populaires. J'ai hâte de gravir le rocher escarpé que couronne la haute ville, à une hauteur de plus de cent mètres au-dessus du fleuve.

L'ensemble de la cité représente un triangle dont la base serait formée par la plaine d'Abraham, et les deux autres côtés par le Saint-Laurent et la rivière Saint-Charles. De la terrasse qui sert de promenade et se termine par un précipice de soixante-dix mètres de profondeur, la vue est magnifique. On domine le port et ses nombreux navires, la ville basse et ses vastes chantiers de construction. Plus loin, sillonnée par l'immense nappe du Saint-Laurent, qui contourne l'île d'Orléans, s'étend une campagne verdoyante, parsemée d'élégantes villas et de blanches maisons, jusqu'aux confins de l'horizon borné par de hautes collines brumeuses.

Près de là, dans le jardin botanique, se dresse le monument élevé aux généraux Wolf et Montcalm, au vainqueur et au vaincu, morts tous deux au service de leur patrie. Une inscription touchante perpétue le souvenir glorieux de ces héros ennemis, réconciliés par la postérité. Au-dessus du jardin se déploient les immenses fortifications de la citadelle, qui font de Québec le Gibraltar de l'Amérique et l'une des plus fortes places de guerre du monde entier.

Les monuments de Québec n'offrent rien de bien remarquable pour un touriste européen : citons cependant le château de Saint-Louis, résidence du gouverneur, la cathédrale catholique, l'église épiscopale, surmontée d'une élégante flèche recouverte en étain, le palais de justice, le collége et les casernes. Les rues de la ville sont généralement étroites et bordées de trottoirs en bois assez mal entretenus. Le pavage laisse [beaucoup à désirer; une boue noire et épaisse envahit l'espace réservé aux voitures, ce qui complète la ressemblance avec les villes russes. Certaines rues sont entièrement pavées en bois, mais ne sont guères plus propres; quelques ruelles sont formées d'escaliers que bordent de sombres masures.

Québec renferme 65,000 habitants. L'élément français y est en grande majorité; cependant, la plupart des enseignes sont en anglais. Les magasins sont petits, semblables à ceux d'une ville de province, en France. Je n'y ai vu rien à noter si ce n'est quelques riches fourrures et de jolis bibelots en plumes et en écorce brodée, travail des Indiens du pays.

Québec est une de ces villes où l'on arrive avec plaisir et que l'on ne peut quitter sans regret. Son admirable situation, les nombreuses et intéressantes excursions que l'on peut faire aux environs, tout concourt à y retenir le visiteur. Aussi, le touriste qui en aura le loisir fera bien de consacrer une semaine à la visite des chutes de Montmorency, de la Chaudière et de Sainte-Anne, au village Huron de Lorette, au lac Saint-Charles, aux bains de Kamouraska, et surtout à la rivière Saguenay et à la baie de Ha-ha.

Mais je ne pouvais songer à visiter ces lieux intéressants : après une dernière promenade le long des remparts, je me rendis à bord du bateau qui partait pour Montréal à cinq heures du soir. Le *Québec* est un magnifique spécimen de ces immenses steamboats américains à plusieurs étages. Là, tout était nouveau pour moi; nous n'avons rien en Europe qui puisse donner une idée de ces vastes hôtels flottants, meublés avec un luxe inouï. Par un ingénieux système, la machine et les roues motrices restent invisibles; dès lors point de bruit ni de mauvaise odeur ; aucun contact avec l'équipage. Le rez-de-chaussée est consacré aux marchandises, dont le transbordement est facilité par de vastes ouvertures. D'élégants piliers supportent les étages supérieurs, auxquels on accède par un large escalier. Au premier étage, à l'arrière, se trouve le salon des dames, tout en velours bleu, puis un vaste salon commun, aux panneaux finement sculptés, avec glaces et dorures à profusion. Au centre, un piano ; partout des meubles confortables, de larges divans, des fauteuils, etc. Plus loin une bibliothèque, un cabinet de lecture avec tout ce qu'il faut pour écrire, une buvette toujours très entourée ; enfin un véritable bazar où une demi-douzaine de jeunes filles vendent des objets de curiosité, des livres et toutes sortes de bibelots. A l'avant comme à l'arrière, vaste terrasse avec vérandah et galerie circulaire. Un somptueux escalier conduit au second étage, spécialement réservé aux chambres à coucher ; il y en a plusieurs centaines. En arrivant à bord, vous présentez votre ticket à un employé installé dans un bureau spécial, et qui vous remet en échange la clef de votre chambre. Vous êtes désormais chez vous, avec cette différence que votre logis, au lieu d'être fixé au sol, fait régulièrement ses 24 kilomètres à l'heure. J'oubliais de dire que partout, au premier comme au second étage, de moëlleux tapis assourdissent le bruit des pas. Au-dessus du deuxième étage se trouve la toiture en zinc, surmontée par l'énorme balancier de la machine et dominée par une petite tour où se tiennent le capitaine et les hommes du gouvernail. De ce poste élevé, la vue s'étend au loin sur le fleuve ; là est le cerveau du monstre. L'énorme masse obéit avec docilité aux ordres qui lui sont transmis par une petite roue qu'un seul homme manœuvre facilement.

Cependant mon billet me donnait droit à un dîner, et, dans tout ce que je venais de voir, je n'apercevais rien qui ressemblât à une salle à manger. J'errais donc assez embarrassé au milieu de la foule, lorsqu'un jeune homme à la physionomie sympathique, mais qu'aucun insigne ne distinguait des autres voyageurs, s'approcha de moi en me demandant s'il pouvait m'être utile à quelque chose. « — Volontiers, lui dis-je, ne pourriez-vous pas m'indiquer où se trouve la salle à manger ? — Je vais vous y conduire, » reprit mon interlocuteur; et, comme je le remerciais de son obligeance : « — Je suis le capitaine, me dit-il simplement; j'ai vu que vous étiez Français et que vous paraissiez chercher quelque chose. Nous autres Canadiens, nous n'oublions pas que nous avons du sang français dans les veines, et je me suis fait un plaisir de vous rendre ce léger service. »

La salle à manger occupait avec les cuisines une partie du sous-sol. L'heure du repas était passée depuis longtemps, mais le capitaine Labarthe m'accompagna lui-même, et je n'eus pas à me plaindre du dîner que le chef me servit sur sa recommandation.

Je cite ce détail pour donner une idée des sentiments qui animent les Canadiens de langue française; quoique franchement réconciliés avec l'Angleterre, ils n'ont pas oublié la mère patrie et sont fiers de leur origine.

Lorsque je remonte sur le pont, la nuit est arrivée. De la terrasse du premier étage, où je m'installe commodément dans un fauteuil à bascule, j'entends les sons éclatants d'un orchestre allemand qui fait rage au rez-de-chaussée. Mais peu à peu les bruits s'apaisent : il est près de minuit lorsque nous entrons dans le lac Saint-Pierre, qui n'est qu'un élargissement du Saint-Laurent. Nulle terre en vue : on se croirait sur l'Océan. La nuit est si belle que j'ai peine à quitter mon poste d'observation.

Le lendemain matin, à six heures, nous arrivons à Montréal ; un brouillard épais s'est élevé pendant la nuit et empêche de rien distinguer à cinquante mètres de distance.

Montréal est bâti dans une ile formée par le Saint-Laurent et un bras qui se détache de la rivière Ottawa ; sa population qui, au commencement du siècle, atteignait à peine 9,000 habitants, dépasse aujourd'hui 120,000 âmes.

La ville s'étend sur la rive gauche du fleuve, dans une plaine fertile dominée par le Mont-Royal, d'où elle tire son nom. C'est la plus importante cité du Dominion. Ses rues larges, plantées d'arbres vigoureux et bordées de vastes trottoirs, contrastent avec les ruelles étroites de la vieille cité de Québec. A Québec, on peut encore se croire en Europe ; à Montréal, cette illusion n'est plus permise ; on se sent en Amérique. Les rues se coupent à angle droit ; quelques-unes ont plus de deux kilomètres de longueur. Les hôtels élégants et spacieux de Great Saint-James street, occupés principalement par des banques et des compagnies d'assurances, sont vraiment dignes d'une grande capitale. Saint-Paul street est la résidence favorite du haut commerce. Les faubourgs du nord offrent une succession continue de charmantes villas et de magnifiques résidences particulières. Les quais de Saint-Laurent sont bordés d'une longue rangée de hautes constructions d'un aspect tout-à-fait imposant. Le fleuve est accessible aux plus gros navires. Une forêt de blancs vapeurs, aux cabines étagées, se presse le long du rivage.

La cathédrale, construite en pierres grises dans le style gothique, passe pour la plus belle de l'Amérique du Nord. Elle est entièrement peinte à l'intérieur et décorée de drapeaux français et anglais. Mais la merveille de Montréal est le pont tubulaire Victoria, qui sert de passage au chemin de fer Great Trunck ; long de plus de trois mille mètres, il est soutenu à vingt mètres au-dessus du Saint-Laurent par vingt-quatre piliers de maçonnerie construits de manière à résister au choc puissant des énormes glaçons que charrie le fleuve, au moment de la débâcle. La hauteur du tube est de 25 pieds et sa largeur de 18. Ce gigantesque travail a coûté trente millions. Près de l'entrée, un monument a été élevé à la mémoire des ouvriers qui ont péri pendant le cours des travaux.

J'ai remarqué, à peu de distance de là, un moulin élévateur comme on n'en voit qu'en Amérique. C'est une immense construction à douze étages, peu gracieuse du reste, mais de proportions colossales. Grâce à un système ingénieux, le chargement et le déchargement des grains transportés par les navires ou les wagons se fait mécaniquement et à peu de frais.

C'est aujourd'hui dimanche : les magasins sont rigoureusement fermés, les rues à peu près désertes. Le maître de l'hôtel Richelieu, où je suis logé, me conseille de faire une promenade au parc du Mont Royal et de prendre pour cela « un charretier. » C'est ainsi que l'on nomme les cochers de fiacre au Canada. A Montréal, l'élément français tend à être absorbé par les Anglais. Le haut commerce, les banques, les professions libérales sont entre les mains de ces derniers. Par contre, les commerçants de détail, les petits industriels, les ouvriers sont presque tous Français. Mon cocher était Canadien français, et, malgré la réputation dont jouissent ses confrères dans tous les pays du monde, je dois avouer que je n'eus qu'à me louer de ses services. Ce brave homme mit un véritable empressement à me faire voir les plus beaux quartiers de la ville et à me donner sur chaque chose tous les renseignements que je pouvais désirer. C'était peut-être par amour pour le vieux pays, comme il le disait dans son naïf langage. En tout cas, j'avais plaisir à retrouver, si loin de la France, une foule de locutions particulières aux paysans Normands, débitées avec l'accent traînard propre aux Canadiens.

Le Mont Royal, auquel on arrive par une magnifique avenue bordée de jolies maisons de campagne, s'élève sous la forme d'une butte escarpée couverte de forêts et isolée au milieu de la plaine. Une belle route, bien entretenue, en fait le tour entier. Les voitures acquittent un droit de passage. Ce vieil usage paraît un contre-sens en Amérique, surtout au début d'un voyage, alors que le nouvel arrivant est toujours porté à exagérer la dose de liberté dont il se figure devoir jouir dans le Nouveau-Monde. Une nouvelle route, à peine terminée, passe devant la belle villa de sir Allan, le célèbre banquier Montréalais, fondateur de la ligne de navigation qui porte son nom. Avant d'arriver au sommet, elle décrit de nombreux circuits autour de la montagne. Pendant cette ascension, on jouit d'une vue admirable sur la ville, dont les toitures et les clochers métalliques resplendissent au soleil, sur le majestueux Saint-Laurent, large de plusieurs kilomètres, ses îles verdoyantes et les riches campagnes des environs. La vieille forêt a été convertie en parc anglais, aux allées sinueuses. Parmi la foule des promeneurs, je reconnais quelques-uns de mes compa-

gnons du *Sardinian*, qui, comme moi, sont venus faire
cette agréable promenade. Du côté du sud, l'horizon est
borné par les cimes toujours vertes des hautes montagnes
de l'état de Vermont.

Le Grand Trunck railway met en communication rapide
les diverses provinces du Canada ; c'est aussi la route la
plus courte pour se rendre au Niagara. Mais je préférai
suivre la voie du Saint-Laurent, plus lente, il est vrai,
mais assurément plus intéressante.

Tout voyageur qui se respecte doit, avant de quitter
Montréal, faire l'excursion classique des rapides de La
Chine. Les vapeurs, qui descendent par les rapides en
quelques minutes, emploient à la remonte plusieurs
heures, pour faire le même trajet par le canal. Afin d'éviter
cet ennui, je me rendis par le chemin de fer à la station
de La Chine, à treize kilomètres de Montréal.

Je vis là, pour la première fois, des Indiens et leurs
femmes, habitants de Caughnawaga gros village situé sur
la rive opposée. Ces Indiens sont maintenant tout-à-fait
civilisés et très bons chrétiens. Rien, dans le costume des
hommes, ne les distingue des paysans canadiens ; quant
aux femmes, elles se drapent dans une large pièce d'étoffe
bleue, frangée de jaune ou de rouge, qu'elles ramènent
sur la tête en guise de capuchon. Leur chevelure noire et
épaisse, leur teint cuivré, leurs yeux brillants, signes
distinctifs de leur race, les font aisément reconnaître
partout.

Cependant, le petit vapeur qui fait journellement la
traversée de Beauharnais à Montréal vient d'aborder au
quai. Il y a foule sur la terrasse du steamer. Les dames
s'installent sur les siéges disposés au premier rang à
l'avant, comme pour une représentation théâtrale ; debout

derrière elles, les hommes préparent leur lorgnette. Nous longeons de fort près les maisons du village de Caughnawaga, semblables à celles de toute autre paroisse canadienne. Nous prenons ensuite le milieu du fleuve. Il y a trois passes ; celle du milieu est la plus rapide et c'est vers elle que nous nous dirigeons. Tout-à-coup le bateau s'arrête ; plusieurs cages indiennes se trouvent sur notre route et nous devons attendre qu'elles aient franchi le passage. (On appelle cage un immense radeau à voiles, composé de pièces de bois de construction et généralement conduit par les Indiens). Enfin le chenal est libre ; la dernière cage a disparu dans l'écume des rapides. Nous avançons à notre tour. Le courant s'accélère, se creuse en tourbillons verdâtres ; nous glissons avec la rapidité d'une flèche dans un pertuis étroit et incliné, où se déversent les flots bouillonnants. Le léger steamer, entraîné sur la pente, mais toujours guidé par les quatre hommes qui sont à la barre, rase de sombres rochers qui dressent au-dessus des ondes leur pointe menaçante. La moindre déviation entraînerait fatalement notre perte. Mais le péril est déjà loin de nous. Notre brave bateau bondit sur les vagues, franchit comme en sautant des remous gigantesques, derniers efforts du fleuve irrité, et atteint bientôt des eaux tranquilles. Cette course vertigineuse n'a duré que quelques instants, mais ces quelques instants ont suffi pour franchir, sur une longueur moindre d'un kilomètre, une différence de niveau égale à quinze mètres. Peu de minutes après, nous passons sous le pont Victoria.

Le même jour, à midi, je quittais Montréal de nouveau, et cette fois définitivement, pour aller rejoindre, à cette même station de La Chine, le steamer *Corynthian*, à destination de Toronto. Le prix de mon passage n'est que de

10 piastres (52 fr. 50 c.), moyennant quoi j'ai droit à une cabine de première classe et à trois repas par jour, pendant les quarante-huit heures que doit durer ce voyage de cent cinquante lieues.— La piastre canadienne correspond au dollar américain en or; seulement, au Canada, le papier-monnaie a la même valeur que l'or, tandis qu'aux États-Unis, le greenback (nom générique du billet de banque) perd environ dix pour cent, quelquefois plus, selon le cours du jour.

Mon nouvel hôtel flottant est, comme toujours, construit à l'américaine avec colonnades et étages superposés. Il est parfaitement meublé et partout garni de tapis, quoique moins grand et moins somptueux que le *Québec*. Du reste, ce dernier ne pourrait ni descendre les rapides, ni résister au mauvais temps sur les grands lacs.

Après deux heures de voyage sur le lac Saint-Louis, formé par une expansion du Saint-Laurent, qui vient de recevoir la rivière Ottawa, on arrive à Beauharnais, petit village sur la rive droite du fleuve. Là, pour éviter les rapides du Cèdre, notre bateau s'engage dans un long canal; au moyen de neuf écluses, on parvient à racheter une différence de niveau de quatre-vingt pieds. Ce genre de navigation est lent et monotone. La campagne que nous traversons paraît fertile, et se divise uniformément en champs de forme rectangulaire, séparés à intervalles égaux par des clôtures parfaitement droites.

Dans la nuit, nous avons fait peu de chemin; on a dépassé, toujours avec l'aide d'un canal, les rapides du Long-Sault. Lorsque je descends sur le pont, les rayons du soleil levant se mirent dans les eaux limpides et transparentes du noble fleuve; cependant le fond de l'air est glacial. La rive nord est toujours Canadienne; mais la rive sud appartient à la grande république et fait partie de l'état de New-York.

A huit heures, on atteint les rapides de la Platte, que le bateau remonte péniblement au milieu de tourbillons et de remous terribles. A un certain moment, malgré tous les efforts de la vapeur, le steamer paraît immobile, tant est violente la lutte qu'il soutient contre le courant. Mais, grâce à sa persévérance, il sort victorieusement de ce nouveau combat; ce que, d'abord, je ne croyais pas réellement possible.

Le paysage est grandiose; nous longeons des îles rongées par le courant et couvertes de forêts vierges. Vers midi, on atteint Prescott (Canada), en face Ogdensbourg (États-Unis), puis Blockville (Canada) et Clayton (États-Unis), où nous prenons quelques passagers. Les montagnes ont disparu; nous n'avons devant nous que le ciel et l'eau, à droite et à gauche, une côte basse et verdoyante qui se perd dans la brume.

Dans la soirée, nous passons au travers des Mille Iles. Le passage offre une certaine analogie avec celui du lac Mœlar, en Suède. Mais ici c'est un fleuve au courant rapide, au lieu d'un lac paisible ; ce sont des corbeilles d'une puissante et inextricable végétation, au lieu de rochers dénudés où languissent quelques sapins rabougris. La traversée des Mille Iles (dont le nombre réel dépasse 1,800) offre pendant deux heures une succession de charmants points de vue.

Au sortir de ce merveilleux archipel, l'horizon s'élargit, la côte sud disparait; nous entrons dans l'Ontario et bientôt après nous nous arrêtons devant Kingston, jolie ville de 20,000 habitants, agréablement située sur les bords du lac. Nous y perdons beaucoup de temps à charger le bois nécessaire à la machine; ce n'est que fort avant dans la soirée que nous reprenons notre route, guidés par les feux des phares de la côte.

Le lac Ontario est le plus petit des cinq grands lacs de l'Amérique du Nord. Il n'a pourtant pas moins de 320 kilomètres de long sur 110 de large, avec une profondeur moyenne de 200 brasses. La rive nord appartient au Canada, celle du sud aux États-Unis. Ses côtes peu élevées sont couvertes de belles forêts, alternant avec de riches campagnes bien cultivées.

La ville de Toronto, où nous arrivons à dix heures du matin, est la capitale du Haut Canada. Déjà peuplée de 90,000 habitants, elle s'accroît rapidement et prétend lutter avec Montréal, sa rivale du Bas-Canada, qu'elle espère rejoindre et dépasser. Au centre d'un district riche et populeux, avantageusement située sur un bras de l'Ontario, qui y forme un port excellent, elle voit son commerce augmenter de jour en jour. Elle est fière de ses rues larges et régulières bordées de belles constructions; elle montre avec orgueil aux étrangers ses monuments publics, sa cathédrale et son université, la plus renommée du Canada, située à un mille de la ville, au milieu d'un beau parc dans le genre anglais.

La poste aux lettres est une fort belle construction, et son aménagement intérieur parfaitement adapté à sa destination. A ce propos, je ne puis passer sous silence une particularité commune aux bureaux de poste des États-Unis et du Canada, et que j'avais déjà été à même d'observer à Québec. Les parois extérieurs des galeries sont tapissées d'une infinité de plaques de cuivre, chacune ayant sa serrure et son numéro d'ordre. Ce sont autant de boîtes où les employés classent les correspondances à mesure qu'elles arrivent. Chaque particulier qui en fait la demande reçoit, avec un numéro d'ordre, une clef correspondante à l'une de ces plaques, et devient, par le fait, propriétaire d'une boîte qu'il vient visiter à sa volonté. Grâce à ce système et sans avoir recours à aucun employé, il peut retirer sa correspondance immédiatement après l'arrivée du courrier. On me dit que la poste reste ouverte jour et nuit; mais je n'ai pu vérifier ce fait.

Sur le marché de Toronto, j'ai vu, pour la première fois, des fruits des Tropiques. Les bananes de la Nouvelle-Orléans, les ananas de Cuba y arrivent en cinq ou six jours. J'ai remarqué, au milieu des nombreuses et appétissantes espèces de pommes du pays, certaines variétés inconnues en Europe; les unes sont oblongues, d'autres parfaitement rondes, petites, à la peau rouge et luisante et suspendues comme de grosses cerises à une queue longue et flexible.

Chaque jour, deux vapeurs, traversant le lac Ontario dans toute sa largeur, partent de Toronto pour le Niagara. Parmi les passagers du *City of Toronto*, sur lequel je m'embarquai dans l'après-midi, les Américains, assez nombreux, se reconnaissaient à la coupe de leur barbe, à leur large chapeau mou et aussi à leur long pardessus de voyage en toile grise. Quelques ladies même n'avaient pas craint de revêtir ce disgracieux fourreau. Il y avait aussi plusieurs nègres à bord, symptôme évident de la proximité des États-Unis.

A peine étions-nous au large, que le vent fraîchit et que notre bateau se mit à danser comme sur la mer. Les mêmes causes produisirent les mêmes effets sur les estomacs impressionnables de certains passagers, et le lac

Ontario reçut des hommages ordinairement réservés aux flots de l'Océan.

Avant la nuit, nous étions de nouveau en vue des côtes. Nous passons devant le fort Niagara, sur la rive américaine; puis nous remontons la rivière, qui, à son embouchure dans le lac, n'a guère que quatre à cinq cents mètres de largeur. Sa profondeur est, dit-on, considérable.

A six heures, je mets le pied, pour la première fois, sur le sol des États-Unis. Nous sommes à Lewiston; la violence du courant empêche les bateaux à vapeur de remonter plus haut. Un omnibus nous conduit à la station. Une demi-heure après, on arrive au village des Chutes du Niagara (Niagara falls). A la station sont rangés en bataille une quinzaine d'omnibus d'hôtel, avec indication des prix de la maison. Une légion de nègres, de domestiques de place, de cochers, de majordomes plus ou moins colorés se démènent comme des enragés, et cherchent avec force vociférations à vous attirer chez leur patron respectif; ils emplissent vos poches de cartes et de prospectus. Là, comme partout ailleurs, en Amérique, le voyageur à la recherche d'un hôtel n'a que l'embarras du choix.

III.

LE NIAGARA. — CHICAGO. — LES CHEMINS DE FER EN AMÉRIQUE.

Le village de Niagara Falls doit son existence aux touristes qui, chaque année plus nombreux, viennent de tous les points du globe visiter cette merveille de la nature. Il n'est guère composé que de boutiques et d'hôtels dont quelques-uns se font remarquer par leurs dimensions colossales. C'est là que je vis pour la première fois ces immenses caravansérails particuliers à l'Amérique du Nord, munis d'ascenseurs, de bureaux télégraphiques, de salons, cabinets de lecture, etc, et où mille personnes trouvent aisément à se loger.

Le touriste novice fraîchement débarqué fera bien de refuser la voiture, fort chère d'ailleurs, qu'on ne manquera pas de lui offrir. Les distances ne sont pas longues et une promenade à pied lui permettra de voir bien des choses qui lui auraient certainement échappé dans une rapide excursion en voiture.

La rivière Niagara est le déversoir naturel du lac Érié et se jette dans l'Ontario après un parcours de soixante kilomètres. A peu près vers le milieu de son cours, le fleuve, large de dix kilomètres, se rétrécit progressivement de plus de moitié; en même temps le courant devient plus rapide et atteint bientôt un plan incliné de vingt mètres sur quatre kilomètres de distance. Dans sa course effrénée, il rencontre une île boisée qui le force à se séparer en deux bras dont le plus petit, large de neuf cent pieds, forme la chute américaine, en se précipitant d'un seul jet d'une hauteur de cent soixante-quatre pieds. Le bras le plus considérable, large de 1900 pieds, donne naissance à la chute canadienne appelée le Fer-à-cheval, en raison de sa forme semi-circulaire. La masse d'eau, épaisse en cet endroit de vingt mètres, se précipite dans le vide d'un seul bond et d'une hauteur de 158 pieds, à peu près égale à celle de la chute américaine. Au fond de l'abîme les eaux se réunissent de nouveau, et la rivière profondément encaissée dans un lit de quatre à cinq cents mètres de large, s'écoule, tumultueuse, dans la direction du lac Ontario.

Grâce aux chiffres, j'ai pu décrire l'aspect physique et pour ainsi dire mathématique des chutes ; mais je me déclare tout-à-fait impuissant à dépeindre la sublimité de ce spectacle unique au monde et qu'il faut avoir vu pour en comprendre la merveilleuse grandeur. Je me contenterai de retracer en peu de mots l'emploi de la journée trop courte, hélas! que j'ai consacrée au Niagara.

J'ai commencé ma visite par l'île de la Chèvre, aux grands arbres majestueux, convertie par la spéculation américaine en parc anglais. De ravissantes allées circulent au travers de la sombre forêt, animée par tout un peuple d'oiseaux peu farouches et de charmants petits écureuils gris toujours en mouvement. Une route bien entretenue en fait le tour entier, et offre à chaque instant de magnifiques points de vue sur les chutes et sur les rapides supérieurs, là où le fleuve, large de plusieurs kilomètres, semble descendre avec fracas un gigantesque escalier et prendre son élan avant la chute finale. Trois îlots, nommés les Trois Sœurs, semblables à des corbeilles de verdure et reliés par des ponts rustiques à l'île principale, forment comme un poste avancé au milieu des rapides, et permettent de les contempler dans toute leur sauvage grandeur. Près de là un sentier conduit immédiatement au-dessus du Fer-à-Cheval. Enfin, du côté de la chute américaine, la petite île de la Lune suspendue au bord même du précipice, offre un excellent point d'observation.

Je ne conseillerai à personne l'excursion que j'ai faite à la *Cave des Vents*, sous la chute américaine. Après avoir revêtu un costume complet de caoutchouc, on descend dans le précipice par un escalier en spirale; puis on s'engage sur un sentier étroit et glissant taillé dans le roc, et qui conduit bientôt derrière la chute elle-même. On revient ensuite sur la terre ferme par une série de passerelles vacillantes, dépourvues de balustrades et d'un aspect fort peu rassurant. Il n'y a aucune compensation au danger réel de cette singulière promenade; car l'élément dans lequel on est plongé ne permet ni de voir ni d'entendre. Ce n'est ni l'air ni l'eau, mais l'ouragan de la pluie déchaîné jusqu'à la suffocation. J'aime mieux la vue du parc réservé, ou mieux encore celle que l'on a de la rive même du bassin inférieur où vous conduit sans fatigue un tramway à plan incliné. Le point où la vue d'ensemble est la plus belle est le milieu du pont suspendu, long de plus de quatre cents mètres et hardiment jeté entre les rives canadienne et américaine, à une hauteur de quatre-vingts mètres au-dessus des tourbillons verdâtres du fleuve.

Sur la rive canadienne, il n'y a pas de village, mais seulement quelques hôtels dont le meilleur, Clifton House, vaste et confortable établissement, est toujours très fréquenté, à cause de son admirable situation. Les autres maisons, plus rapprochées de la chute, sont absolument inhabitables à cause de la vapeur d'eau qui, s'élevant incessamment du fond du gouffre, remonte à une hauteur prodigieuse et vient retomber en pluie aux environs.

Un peu plus loin, un élévateur permet de contempler, d'une grande hauteur et comme à vol d'oiseau, l'ensemble de la chute et des rapides. Aussi loin que la vue peut s'étendre, le terrain offre l'aspect d'une plaine boisée interrompue par la profonde fissure où s'engouffrent les eaux du Niagara. Ce cadre monotone est peu en harmonie avec la grandiose et sauvage horreur du premier plan. Un autre pont suspendu, situé à deux milles au-dessous de celui dont je viens de parler et de proportions encore plus considérables, met en communication directe le réseau des chemins de fer canadiens avec celui des États-Unis.

Deux routes s'offraient à moi pour gagner Chicago. L'une traversant le Canada occidental, passe par Paris et Londres, deux bourgades au nom ambitieux, et rejoint à Détroit le territoire des États-Unis. Je me décidai pour l'autre route qui, sans quitter le sol américain, suit les bords du lac Érié dans toute sa longueur. La campagne est charmante, couverte d'arbres chargés de fruits. La terre, noire et grasse, sans pierres, paraît facile à remuer. Les champs de maïs alternent avec les prairies ; partout des clôtures de bois soigneusement entretenues, et toujours en ligne droite.

Souvent, au milieu des champs cultivés, apparaissent les troncs noircis de l'ancienne forêt qui recouvrait autrefois tout le pays. Le défrichement fait chaque année de nouveaux progrès ; le bois abattu est brûlé sur place ; les broussailles qui le remplacent incendiées de nouveau et, trois ou quatre ans après, le cultivateur commence à récolter. Mais bien des années s'écouleront encore avant que les énormes souches, minées par le feu et la pourriture, aient achevé de disparaître. De toutes parts la forêt est étreinte par la civilisation ; mais qu'elle est belle encore avec ses arbres gigantesques au tronc lisse, aux rameaux touffus, son dôme de verdure éternelle, son fouillis inextricable de lianes et de plantes grimpantes, et combien elle ressemble peu à nos forêts européennes, aménagées en coupes réglées !

La voie reste à quelque distance du lac Erié que l'on aperçoit souvent, entre deux échappées de verdure, semblable à la mer sans bornes. On passe à Buffalo, ville prospère de 120,000 habitants, puis à Dunkerque, d'où un embranchement conduit à Oil City. On s'aperçoit de la proximité de la région de l'huile, aux nombreux trains chargés de tonnes de pétrole et de wagons-citernes où l'huile amenée par des tuyaux s'emmagasine directement. La nuit nous prend à Cleveland, jolie ville de l'État d'Ohio, peuplée de 100,000 habitants, avec un beau port sur le lac.

Au matin, le convoi traverse, à toute vitesse, de grasses prairies baignées par le lac Michigan. Nous sommes dans l'Indiana. Le pays est parfaitement plat, la forêt a disparu ; pas un seul arbre à l'horizon. Bientôt apparaissent quelques villas ; de gigantesques affiches se déroulent de chaque côté de la voie. D'autres indices annoncent les approches d'une grande ville. Nous franchissons de larges avenues désertes ; puis les maisons se resserrent, les rues se peuplent, le train ralentit sa marche, tandis que la cloche de la machine sonne à toute volée pour avertir les passants. Les gamins de la ville courent après les portières, grimpent sur les plates-formes et viennent crier leurs journaux jusque dans l'intérieur des wagons. Nous sommes arrivés à Chicago. Notre train s'arrête au cœur de la ville et au centre du quartier complétement détruit par le terrible incendie de 1871. Aujourd'hui, la plupart des maisons sont reconstruites, mais il y a encore çà et là de grandes places vides et noires.

Dans le quartier des affaires, les maisons sont hautes de cinq étages et richement décorées de sculptures ; quelques-unes sont de véritables palais de fer et de granit. Les magasins sont vastes, élevés et profonds. Dans les rues principales, un premier trottoir en fer et verre laisse pénétrer la lumière dans les sous-sols. Le deuxième trottoir, large de dix pieds, est formé de dalles de six pieds de large. Dans les quartiers moins fréquentés, le trottoir est en bois, mais toujours fort élevé au-dessus du sol ; la plupart du temps, une couche épaisse de boue noire et gluante interdit l'accès de la rue aux piétons. D'énormes poteaux télégraphiques courent de chaque côté des trottoirs ; leurs fils innombrables, s'élançant dans toutes les directions, s'entre-croisent dans les airs comme de gigantesques toiles d'araignée. Partout circulent sur des tramways des cars (1) multicolores de toutes formes et de toutes dimensions.

Une des curiosités de Chicago est l'énorme machine qui va chercher fort loin, au fond du Michigan, les eaux pures du lac pour les distribuer dans la ville. On peut la visiter à toute heure et sans qu'il soit nécessaire de demander aucune permission. De là, une jolie promenade conduit au Parc Lincoln. Les vagues du Michigan, semblables à celles de la mer, déferlent avec fracas sur le sable fin du rivage.

La ville est traversée par une rivière aux eaux sales et jaunâtres dont les bords offrent une succession continue de chantiers, d'entrepôts de marchandises et de grands

(1) On appelle ainsi en Amérique les omnibus des tramways, les wagons des chemins de fer et en général toutes les voitures publiques.

élévateurs. Des ponts tournants auraient gêné la circulation des innombrables navires qui la parcourent incessamment. On les a remplacés par des tunnels creusés sous le lit de la rivière.

Au moment de mon passage on venait d'inaugurer à Chicago une exposition agricole et industrielle dont les vastes bâtiments occupaient une surface considérable le long du lac. C'est près de là que j'ai vu déplacer, à l'aide de crics et de rouleaux mobiles, une maison de bois toute meublée et habitée. On sait que, par un procédé analogue, des quartiers entiers de Chicago ont été exhaussés de plusieurs mètres. C'est ainsi que la ville a été assainie et qu'a disparu l'ancien marais sur lequel reposait la cité primitive.

Chicago est célèbre par son rapide accroissement. Ses premières cabanes de bois s'élevèrent en 1830 ; vingt ans après elle comptait déjà 60,000 habitants. Aujourd'hui elle en a 500,000, et dispute à Saint-Louis le troisième rang parmi les villes de l'Union.

Le samedi 16 septembre, à dix heures du matin, je quittais Chicago pour entreprendre d'une seule traite un trajet de 3,880 kilomètres. Grâce à l'admirable installation des chemins de fer américains, j'ai pu, sans beaucoup de fatigue, passer dans le même train six journées et cinq nuits consécutives et franchir ainsi une distance d'environ mille lieues.

Les wagons américains sont beaucoup plus longs, plus larges et plus élevés que les nôtres. A chaque extrémité un escalier commode donne accès à une plate-forme sur laquelle s'ouvre la porte d'entrée. Un long couloir traverse toute la voiture ; de chaque côté sont des siéges à bascule pour deux personnes. Un poêle et une fontaine d'eau glacée occupent une des extrémités ; à l'autre extrémité se trouve un cabinet dont l'emploi se devine.

La plupart des compagnies n'ont qu'une seule classe de voitures. Mais sur toutes les lignes à longs parcours, il y a des wagons dortoirs appelés *sleeping cars* ou *silver palace* (palais d'argent) ; moyennant un supplément de trois dollars par jour, tout voyageur peut prendre place dans les salons réservés de ces voitures de luxe. A la nuit, un nègre de service démonte les banquettes et abaisse la paroi supérieure du wagon. Il en tire des oreillers, couvertures, draps et rideaux qui sont bien vite installés ; de sorte qu'en moins d'une demi-heure le salon a fait place à un long dortoir renfermant vingt-quatre lits rangés sur deux étages. Ces lits sont très larges, suffisants pour deux personnes, et plus confortables que ceux des bâtiments à vapeur. Chaque section est séparée par une cloison ; une double rangée d'épais rideaux laisse libre le couloir du milieu. Les dames occupent généralement les lits d'en bas, les seuls qui permettent la vue de la campagne. Le matin, en vous levant, vous trouvez vos chaussures cirées, et à chaque extrémité du wagon un cabinet de toilette, l'un réservé aux dames, l'autre destiné aux hommes. Dans chaque voiture, il existe en outre un petit salon pour les dames et une chambre à l'usage des fumeurs, *smoking room*. Le voyageur est libre de retenir sa place dans un de ces wagons pour toute la durée du voyage. S'il préfère passer la journée dans les cars ordinaires, il n'aura qu'à payer un supplément d'un dollar et demi ou deux dollars par chaque nuit.

Le système des *chèques* employé pour les bagages est aussi très commode. On appelle chèques, deux rondelles de cuivre numérotées et suspendues à une lanière de cuivre ; l'une est attachée sur votre malle ; on vous remet l'autre qui porte le même numéro. Chaque voyageur a droit au transport gratuit d'un colis pesant cent livres. Mais il est fort rare de voir peser les bagages; l'employé, toujours pressé, ne remplira cette formalité que si, d'un rapide coup d'œil, il a jugé que le poids réglementaire est dépassé. Aux approches des grandes villes, un agent de la compagnie parcourt le train, vous demande votre chèque et, en même temps prend note de la maison où vous comptez descendre. En arrivant à la gare, vous n'avez plus à vous occuper de vos bagages. Vous allez à l'hôtel, soit à pied en vous promenant, soit par le premier car venu, et vous êtes certain de trouver exactement votre malle rendue à destination. En Amérique l'entrée des villes est libre; notre système d'octroi y est inconnu. Mais, comme je voyageais sans bagages, l'opération était encore plus simple en ce qui me concernait, et je n'eut point l'occasion de faire usage de ce procédé que tout le monde s'accorde à trouver à la fois commode et expéditif.

Une erreur généralement répandue en Europe, c'est que les chemins de fer américains marchent plus vite que les nôtres; c'est le contraire qui est la vérité. Sur quelques lignes parfaitement construites, aux environs de New-York et de Philadelphie, la vitesse de nos trains rapides est quelquefois atteinte, mais jamais dépassée. En Amérique, il y a peu de trains express ; sur beaucoup de lignes il n'y a que deux et même qu'un seul départ par jour. On s'arrête à toutes les stations, très peu de temps, il est vrai; mais, en somme, la vitesse moyenne n'est guère que de 30 à 32 kilomètres à l'heure. On parle bien d'un train express, franchissant en vingt-quatre

heures les 400 lieues qui séparent New-York de Chicago ;
mais il s'agit d'un train spécial pour les journaux et dont
l'unique voiture ne prend pas de voyageurs.

Enfin, et comme complément de ce léger aperçu, je
dirai que les Etats-Unis seuls possèdent presqu'autant de
voies ferrées que le reste du monde entier ; leur réseau
qui, au commencement de 1876 s'élevait à 136,500 kilomètres suffirait et au-delà pour faire trois fois le tour
du globe. Notons aussi que les tarifs, extrêmement variables, dépendent des circonstances et de la concurrence
plus ou moins grande. C'est ainsi que, dans la région
de l'Atlantique, sillonnée en tous sens par de nombreux
railways, les prix sont très modérés, tandis qu'au contraire ils sont relativement élevés dans l'extrême Ouest, et
notamment sur le chemin de fer du Pacifique, encore
seul à exploiter les communications interocéaniques.

On ne fait jamais queue aux guichets du chemin de
fer, qui, du reste sont ouverts à toute heure. Le plus souvent, le voyageur arrive muni de son billet ; on en trouve
partout, dans les principaux hôtels des grandes villes, et
aux agences des diverses compagnies qui, ordinairement
réunies sur le même point, dans les quartiers les plus
fréquentés, se font entre elles une concurrence acharnée.
Comme un billet à long parcours est valable pour dix
jours et donne au porteur le droit de s'arrêter sur sa
route, on trouve aussi des revendeurs de billets aux
environs des stations. Mais il faut se défier du ticket
qu'ils vous présentent au rabais ; beaucoup sont faux,
ou bien périmés. Enfin toute personne peut circuler librement dans les gares et monter dans les wagons quand
il lui plaît. Dans ce cas, on paie sa place au conducteur
pendant le voyage.

IV.

DE CHICAGO A SAN-FRANCISCO. — LE CHEMIN DE FER DU PACIFIQUE.

Trois compagnies rivales, *the Burlington*, *North-Western* et *Rock-Island*, partent à la même heure de Chicago pour Omaha où commence le grand chemin de fer du Pacifique (Union Pacific rail-road). On m'avait recommandé la compagnie North-Western comme la meilleure; mais j'ai donné la préférence à la ligne Rock-Island, dont la gare était voisine de mon hôtel. Je n'eus pas à me féliciter de mon choix, comme on le verra plus loin, et, à mon tour, j'invite les personnes qui seraient tentées de faire ce voyage à éviter la ligne en question. Le billet que j'avais payé 116 dollars en papier (environ 556 francs), était valable pour dix jours et me donnait le droit de m'arrêter en route partout où bon me semblerait, de Chicago à San-Francisco.

Chicago et sa banlieue s'étendent fort loin dans la prairie. Pendant longtemps on lit, sur les clôtures des champs qui bordent la voie, des réclames en grosses lettres, des adresses d'hôtels, de marchands de tabac, d'onguents infaillibles, etc. L'état d'Illinois que nous traversons n'était autrefois qu'une prairie sans arbres ; ceux que l'on voit autour des habitations ont été plantés depuis peu d'années et ne sont pas comme dans l'Ohio les derniers survivants de la forêt primitive.

Nous traversons de part en part Joliet, ville de 8,000 habitants avec quelques beaux édifices. Dans ce pays, le chemin de fer a été construit d'abord ; les maisons sont venues ensuite se grouper de chaque côté de la voie. Comme le train ralentit sa marche en suivant la principale avenue de la ville, il est facile au voyageur en observation sur la plate-forme, de se faire une idée assez complète de la cité qu'il traverse. La contrée parait toujours très fertile ; on passe Marseille, Ottawa, Utica. L'Américain se plait à baptiser ses bourgades naissantes de noms empruntés à l'histoire où à la géographie des autres pays.

A Bureau, le gong Chinois avertit les voyageurs que le dîner est servi. Vingt-cinq minutes d'arrêt suffisent amplement à l'accomplissement de ce devoir. Chacun se hâte de prendre place autour de grandes tables où se retrouvent invariablement les mêmes petits plats, l'éternel thé ou café au lait, la même compote et la même assiettée de pommes rougeaudes, de l'est à l'ouest de la grande République. Du jambon frit avec des œufs, des cotelettes et des bifstecks fort durs, entourés d'une demi douzaine de soucoupes ovales contenant du maïs bouilli, des patates cuites à l'eau, des courges, des tomates crues, des fèves, des pruneaux, etc.; tel est le menu peu varié que, trois fois par jour, l'Américain absorbe à la hâte. Pour toute boisson, un verre de lait ou d'eau glacée ; jamais une bouteille de bière ou de vin ne parait sur la table. Ces boissons se prennent, ainsi que les liqueurs, en dehors des repas, dans des établissements spéciaux que l'on nomme *bars*, et que nous aurons occasion de visiter par la suite. A en juger par les apparences, l'Américain serait le peuple le plus sobre du monde. Mais on dit que, malheureusement, il n'en est pas ainsi, que cette sobriété n'est qu'apparente et qu'elle succombe trop facilement aux tentations du bar. Chacun se dépêche d'entasser, sur son unique assiette, un échantillon des mets dont je viens de parler. Au bout de dix minutes tout est terminé ; l'Américain s'essuie la bouche avec une serviette grande comme une feuille de papier ou après la nappe, s'il y en a une, et remet en sortant un dollar à un monsieur fort grave, à tenue respectable, qui se tient debout à la porte de la salle à manger.

Dans l'après-midi, nous traversons des marécages peuplés d'une infinité de tortues. Je m'installe sur la plate-forme et je m'assieds sur les marches de l'escalier. De ce poste d'observation, à l'abri du vent, je regarde tout à mon aise défiler le paysage. Une inscription avertit qu'il est défendu d'y stationner à cause des accidents qui peuvent en résulter. Mais personne ne tient compte de cette défense ; les employés passent et repassent sans jamais faire la moindre observation. La compagnie vous a prévenu ; elle est en règle avec vous ; cela suffit ; s'il survient un malheur, tant pis pour vous.

Vers le soir, la prairie s'étend à perte de vue. Sauf quelques bouquets de saules et de peupliers autour des habitations, pas un arbre à l'horizon ; pas un caillou non plus dans la terre noire comme de l'encre. De larges chemins boueux, aux talus gazonnés, longent la voie ; lorsqu'ils la traversent, un simple écriteau portant ces mots : « Prenez garde à la locomotive », remplace les maisons de garde et les barrières de nos passages à niveau.

Aux derniers rayons du soleil couchant, nous traversons le Mississipi à Rock-Island. Le célèbre fleuve roule ses eaux jaunâtres entre deux rives basses et boisées. Il ne me paraît pas avoir plus de 12 à 1,500 mètres de largeur. Sur la rive droite s'étend la ville de Davenport (État d'Iowa). Nouvel appel du gong ; nous sommes à 300 kilomètres de Chicago.

17 septembre. — Nous traversons à petite vitesse l'interminable prairie ; toujours le même aspect qu'hier, sauf que le pays paraît plus ondulé et moins peuplé. Il a plu cette nuit ; la voie du chemin de fer, tracée dans des terrains marécageux et dépourvue de ballast, offre un aspect peu rassurant. Les traverses reposent directement sur une boue sans consistance et cèdent sous le poids des lourds wagons ; notre sleeping-car se penche de côté et, par instant, éprouve de terribles oscillations. Heureusement nous franchissons ce passage dangereux avec une prudente lenteur. La vue de deux wagons renversés le long du talus et de leur chargement dispersé me prouve que mes appréhensions ne sont point chimériques. C'est alors que je me repentis, mais un peu tard, de n'avoir point suivi le conseil qui m'avait été donné et d'avoir précisément choisi celle des trois compagnies dont la voie avait été construite avec le moins de solidité. Toutefois, je dois avouer que personne, dans le wagon, ne semblait partager mes craintes ; les oscillations les plus accentuées ne faisaient qu'exciter la gaieté de mes compagnons qui ne trouvaient rien de mieux que de rire aux éclats à la vue des tristes épaves éparses le long de la voie. Nous franchissons cependant sans encombre ce mauvais pas, non sans avoir vu un peu plus loin un troisième wagon renversé, dans le plus piteux état, au beau milieu d'un marécage.

En approchant du Missouri, le terrain se relève, le sol se raffermit et quelques collines boisées apparaissent à l'horizon. A Council-Bluff, on transborde les voyageurs et les bagages dans les voitures de l'Union Pacific. On traverse une large prairie ; puis le train s'engage lentement sur un magnifique pont long de plus d'un kilomètre. Le Mississipi était bien sale ; mais le Missouri est une vraie rivière de boue. Les eaux sont basses et le lit fangeux du fleuve reste en partie à découvert. J'eus tout le temps de l'observer à loisir. Un individu qui avait sauté sur le marche-pied au moment où nous quittions Council-Bluff et à qui le conducteur réclamait le prix de sa place, refusa de payer et descendit au milieu du pont. Le conducteur tira aussitôt la corde qui met en communication chaque wagon avec la locomotive ; celle-ci s'arrêta immédiatement ; notre fugitif, traqué et saisi, fut contraint de s'exécuter.

La gare d'Omaha est monumentale ; Chinois, Nègres, Indiens, y coudoient les émigrants Européens. C'est là que je vis pour la première fois les fils du Céleste Empire. Leur flot envahissant n'a pas encore dépassé le Missouri. Dans cette ville née d'hier et peuplée déjà de 30,000 habitants, on remarque de grands établissements industriels et, sur les hauteurs qui dominent le Missouri, de jolies maisons et de coquettes églises.

Aux environs d'Omaha, le pays est boisé et assez peuplé. On atteint bientôt les bords de la rivière Platte, large d'un kilomètre, et dont nous devons suivre la rive droite pendant plus de 500 kilomètres. Enfin voici la prairie, la vraie prairie, sans clôtures, sans limites, et qui se perd à l'horizon comme la mer. L'herbe est moins verte et moins élevée que dans l'Iowa, mais on la dit de qualité supérieure.

Cette contrée est presque déserte ; de loin en loin, une misérable maison de bois, quelques hautes meules de foin indiquent seules la présence de l'homme. Pas d'autres arbres à l'horizon que de minces bouquets de peupliers plantés autour des habitations ; leur âge est le même, et, d'après la grosseur de l'arbre, on peut calculer l'époque de la construction de la maison.

Le terrain, aussi loin que la vue peut s'étendre, est parfaitement plat; aussi, la voie ferrée suit-elle une ligne rigoureusement droite. La nuit nous prend à Grand-Island, petite ville de 1,500 habitants, où l'on s'arrête pour souper.

18 septembre. — Toujours la prairie, mais bien plus maigre. Plus d'habitations ; au loin d'immenses troupeaux de bœufs, avec quelques pauvres huttes de boue et de paille. Ça et là des ossements blanchis ; c'est bien le désert. Le temps s'est beaucoup refroidi ; les poêles sont allumés. N'oublions pas que nous nous sommes élevés progressivement de 1,000 mètres depuis Omaha et que nous sommes actuellement à 1,300 mètres au-dessus du niveau de la mer. Nous avons quitté ce matin à Julesbourg (Colorado), le cours de la Platte-River, pour suivre celui de l'un de ses affluents, presqu'à sec en ce moment.

Au sortir de Sydney, petit village composé d'une trentaine de maisons de planches sur lesquelles s'étalent de pompeuses enseignes d'hôtels, restaurants, logements garnis, épiceries, etc., j'aperçois pour la première fois les curieux petits animaux connus sous le nom de *chiens des prairies* ; ils appartiennent à la famille des marmottes ; leur taille est celle d'un lièvre ordinaire. Ils aiment à vivre en famille ; leurs terriers forment une agglomération de petits monticules semblables à un petit village. A la fois timide et curieux, le chien de prairie sort de son trou au passage du train, se dresse sur ses pattes de derrière d'une manière comique; semble nous observer et bientôt disparait précipitamment.

La station de Pine-Bluff est la première du Wyoming. Sur tout le territoire de ce nom les femmes sont admises au droit de suffrage pour l'Assemblée législative ; cet exemple vient d'être suivi tout récemment par le Sénat du Massachussets. Nous venons de traverser tout l'État de Nebraska sur une étendue de 700 kilomètres. Ce pays a été, il y a quelques années, le théâtre de luttes sanglantes contre les Indiens Sioux et Cheyennes. Aujourd'hui la voie est à peu près sûre. Toutefois, on me raconte que la veille, un parti d'Indiens, cantonnés dans les Montagnes-Noires, à cent milles au nord et actuellement en guerre avec les troupes fédérales, a fait une excursion jusque sur le chemin de fer, tué deux hommes et enlevé une troupe de cent chevaux.

Cheyenne, où nous arrivions à une heure, est la capitale du Wyoming. Le plan de ses rues a été tracé en 1867 ; c'est cependant la ville la plus importante entre Ogden et Omaha. Sa population n'est encore que de 6,000 habitants ; mais elle s'accroît rapidement. Un embranchement de chemin de fer la relie à Denver, capitale du Colorado. Malgré ses hôtels, ses banques, son théâtre, la « *magique cité des plaines*, » comme on l'appelle ici, n'offre pas un coup d'œil bien séduisant. De larges rues, couvertes d'un gazon jaune et flétri, des maisons de bois disparaissant sous d'immenses enseignes ; çà et là, quelques constructions monumentales, beaucoup de places vides, absence totale d'arbres et même de verdure, tel est l'aspect de la ville, vue du chemin de fer. Cheyenne est à 1,650 kilomètres de Chicago et à 2,000 mètres au-dessus de la mer.

La prairie desséchée n'offre plus que de rares touffes d'une herbe rousse et fanée, alternant avec des massifs de plantes grasses de la famille des *Opuntias* aux épines acérées et rampant sur le sol. La plaine est zébrée de vastes taches noires, indiquant que le feu a passé par là.

En quittant Cheyenne, on s'élève rapidement par de grandes courbes. Des barrières mobiles en bois sont placées à peu de distance de la voie. Elles sont destinées à protéger le chemin de fer contre la neige qui s'accumule en hiver sur ces plateaux désolés. On les transporte d'un point à un autre, selon la direction du vent. Lorsque nous traversons une tranchée, nous sommes abrités par un véritable tunnel de planches que soutiennent de longues pièces de bois. Ces abris s'étendent parfois sur une longueur de plusieurs milles.

Le sol devient granitique ; le relief du terrain s'accentue ; au nord, les sombres Black Hills semblent se rapprocher. La vue s'étend sur une infinité de sommets aux formes bizarres, le long desquels végètent quelques rares sapins disloqués et rabougris. Le train s'arrête à la gare de Sherman ; là une inscription nous apprend que nous sommes à 8,248 pieds au-dessus du niveau de la mer, que nous avons atteint le point culminant de la traversée des montagnes Rocheuses, et que, dans le monde entier, aucune voie ferrée ne franchit un col aussi élevé. Cette dernière assertion, exacte il y a quelques années, ne l'est plus aujourd'hui : les chemins de fer récemment construits au Pérou, à travers la Cordillère, atteignent des hauteurs beaucoup plus considérables.

Peu après Sherman, on passe sur le fameux pont de

Dale Creek, long de 650 pieds et jeté hardiment d'un pic à l'autre à 130 pieds au-dessus de la vallée. Aucun parapet ne gêne la vue et, de la plate-forme du wagon, l'œil plonge jusqu'au fond de l'abîme, à travers les larges interstices de la route en claire-voie. Ce passage est réellement effrayant.

Le pays offre un aspect extraordinaire : de nombreux pics peu élevés se dressent de tous côtés ; des rocs arrondis présentent parfois de singuliers cas d'équilibre. Là, c'est un chaos de blocs énormes, entassés en désordre, comme par l'éboulement d'une montagne entière ; plus loin, un rocher isolé, surmonté d'une table, semblable à un gigantesque champignon. Mais voici une ville en ruine, des tours, des fortifications démantelées, des clochers, des églises : ce sont les *Buttes rouges,* étrange agglomération de rochers aux teintes éclatantes.

A je ne sais plus quelle station, il n'y a que deux maisons en planches grossières ; sur l'une on lit : *Salon,* sur l'autre : *Restaurant,* et plus bas : « Huîtres de l'Est et de l'Ouest, » c'est-à-dire de l'Atlantique et du Pacifique. Une antilope privée erre en liberté et vient curieusement regarder les voyageurs. Le temps n'est plus où la locomotive mettait en fuite de nombreux troupeaux de daims et de buffles. Ces animaux ont émigré en masse vers le nord et se sont réfugiés dans les pâturages solitaires des territoires de Dakota et de Montana.

Le fort Sanders, à deux milles de Laramie, est un point militaire de la plus haute importance. C'est là que, depuis 1866, sont cantonnées les troupes fédérales employées à contenir les Indiens et à défendre la ligne du chemin de fer contre leurs incursions. Une grande activité y règne en ce moment par suite de la guerre contre les Sioux des Montagnes Noires ; j'y ai remarqué plusieurs Indiens auxiliaires, employés à la garde de la voie ferrée.

Les mines de fer de Laramie jouissent d'une réputation méritée. La Compagnie de l'Union-Pacific y a créé des ateliers, des usines et une fonderie de rails. La ville n'a encore que 4,000 habitants et ressemble beaucoup à Cheyenne ; même paysage désolé, mêmes plaines jaunes, parsemées de taches noires.

19 septembre. — Hier, nous avons joui d'un incomparable coucher du soleil sur les Montagnes Rocheuses. Dans la soirée, la clarté des étoiles suffisait à éclairer le paysage. C'est peut-être un effet de l'altitude considérable du sol. Cependant, l'air me paraît ici plus subtil, plus translucide qu'en Europe. Sauf à Athènes, jamais la voie lactée ne m'a semblé si brillante qu'hier soir.

Nous arrivons à Rock-Spring, d'où la Compagnie tire la meilleure partie de son charbon. Cette station paraît fort misérable ; la plupart des maisons sont enfouies sous terre ; on n'apperçoit au-dessus du sol qu'une lucarne et un tuyau de poêle.

Nous sommes à 2,100 mètres au-dessus du niveau de la mer. Même nature monotone et sans arbres, avec des collines de terre que la pluie creuse et ravine de mille manières. L'herbe a disparu ; le sol n'est qu'une boue grise durcie, fendillée par la sécheresse, et ne porte, en cette saison, que de rares touffes de bruyère. On déjeune à Green river. Pour la première fois, le service est fait par des Chinois ; ils sont très proprement vêtus de toile blanche. L'hôtel passe pour un des meilleurs de la route ; de plus, on y trouve une riche collection de minéraux des montagnes voisines, d'agates, de poissons fossiles et autres curiosités naturelles.

La Rivière Verte, que l'on traverse ensuite, est un affluent du Rio Colorado, qui, après avoir parcouru l'Utah et l'Arizona, pénètre sur le territoire Mexicain et se jette au fond du golfe de Californie. Ses eaux limpides et d'une belle couleur d'émeraude sont en ce moment fort basses ; toute une forêt d'arbrisseaux aux feuilles luisantes et multicolores croît sur les bancs de sable de ses rives. C'est un large ruban vert qui se déroule au milieu de la plaine stérile et jaunâtre. Tout le long de cette vallée se dresse une série de rochers isolés, tous de hauteur égale, formés d'assises horizontales, régulières et de couleurs éclatantes ; ils ressemblent à de grands cônes tronqués ou bien à de gigantesques cheminées. Un de ces rochers surplombe la voie ; sa forme est celle d'une théière colossale. Au sud, belle vue sur de hautes cîmes neigeuses appartenant au massif des montagnes Rocheuses.

Plus loin, on passe devant les Buttes-Églises. C'est une suite de monticules en terre blanche, dégradés par la pluie et qui dressent, au milieu de la plaine, leurs formes bizarres, semblables à des constructions élevées de main d'homme.

Sur les bords du cours d'eau que nous remontons, la campagne reverdit et se couvre d'arbustes épineux d'espèces qui me sont inconnues. Nous sommes toujours sur un plateau dont l'élévation varie de 2,000 à 2,500 mètres au-dessus de la mer. Par places le sol est blanc comme la neige ; mais quelle infinie variété de couleurs dans le feuillage des arbrisseaux et des bruyères depuis l'écarlate et le jaune d'or jusqu'au vert tendre et au gris cendré !

Au second plan du paysage s'élèvent des montagnes boisées, dominées à l'horizon par une longue suite de pics neigeux étincelant au soleil : ce sont les monts Uintah.

On traverse de nouveau de nombreux abris de neige. A la station de Hilliard, un aqueduc long de quarante kilomètre amène l'eau des montagnes, et au moyen de cette eau, des masses considérables de bois flottés qui sont convertis sur place en charbon.

Evanston est la première ville de l'Utah et renferme un quartier Chinois. En face de la station est un hôtel rival ; le dîner y est le même que partout ailleurs, servi par des Chinois et à moitié prix. Les ouvriers du chemin de fer sont tous des Chinois. Il en monte quelques-uns dans notre train ; ce qui, avec les noirs et les mulâtres variés qui s'y trouvent, forme une assez jolie collection de races. Il n'y manque que des Indiens ; mais nous en verrons plus loin.

Le chemin de fer traverse la partie nord de l'Utah, sur une étendue de 320 kilomètres ; nous venons de franchir tout le Wyoming, large de 780 kilomètres.

Au sortir d'Evanston, le train descend rapidement ; on s'engage à toute vitesse dans une étroite et sauvage vallée bordée de gigantesques rochers rouges aux formes fantastiques. Ces rocs bizarres sont formés d'un conglomérat de cailloux roulés. A chaque détour de la route, c'est une nouvelle apparition de colonnes, de tourelles, de dômes, de pointes menaçantes qui se dressent à une hauteur prodigieuse au-dessus de nos têtes. Ce célèbre passage porte le nom d'Echo Canon.

A l'issue du défilé, la vallée s'élargit. Un joli village, Echo-City, y occupe une charmante position au milieu des eaux courantes, des plantations de saules et de beaux champs de blé dont on rentre en ce moment la récolte.

Enfin, nous avons quitté le désert ; la vallée que nous suivons, arrosée par le Weber, petite rivière qui va se jeter dans le Lac Salé, se fait remarquer par de riches cultures et de jolies maisons avec vérandah, habitées par les Mormons.

Le Weber-Canon que l'on traverse ensuite abonde en points de vue pittoresques. La route circule au fond d'une étroite fissure à travers les monts Wahsatch. Nous passons près d'un pin isolé, sur le tronc duquel on a cloué une large planche avec cette inscription : « 1,000 milles d'Omaha. » La rivière Weber poursuit le long de la voie son cours impétueux, sans cesse irrité par de nouveaux obstacles. A gauche, on remarque l'étrange *Glissade du Diable*, formée par deux assises redressées de rochers parallèles qui courent à travers les broussailles, sur le flanc de la montagne. On traverse un pont de tréteaux jeté à cinquante pieds au-dessus du torrent. Tantôt le défilé s'élargit, tantôt il se resserre entre des rochers perpendiculaires, et la voie se taille un étroit passage dans leurs flancs abruptes.

Pendant plus d'une heure, je reste sous le charme de cette beauté grandiose et sauvage. Enfin, nous franchissons le grand gouffre appelé *la Porte du Diable*. Bientôt après, nous sortons du défilé.

La nature a repris son aspect calme et riant ; nous arrivons à Weber, joli village Mormon, entouré d'une campagne très peuplée et de champs en plein rapport. Partout des routes bien entretenues (chose rare aux États-Unis), des maisons en pierre de taille, des jardins, des vergers et des plantations d'arbres. Ces merveilleux résultats, cette transformation subite du désert, sont dus au labeur patient et au génie colonisateur des Mormons.

A Ogden, arrêt d'une heure. Embranchement de Salt-

Lake-City. On change de wagons pour prendre ceux de la compagnie Central-Pacific. — Distance de Chicago, 2,460 kilomètres ; de San-Francisco, 1,420 kil. Population, 7 à 8,000 habitants, presque tous Mormons. — C'est la seconde cité du territoire de l'Utah. Elle est admirablement située dans une vaste plaine s'élevant en pente douce jusqu'au pied de hautes montagnes qui l'entourent de toutes parts, sauf du côté du Lac Salé, distant d'une vingtaine de kilomètres. La ville des affaires occupe la partie basse, aux environs du chemin de fer ; la partie supérieure, composée principalement de belles résidences particulières, quelques-unes fort élégantes, s'étage sur la colline et disparaît sous les ombrages touffus des vergers et des jardins.

J'ai tout le temps d'examiner plusieurs Indiens Piutes qui se trouvent à la station. Ils sont fort laids ; leur teint est couleur de brique, leur chevelure épaisse et noire. L'un d'eux, au chef orné de plumes, à la poitrine couverte de colliers et de plaques de fer blanc, doit être un grand personnage dans sa tribu. Ces Indiens partent avec notre train ; la Compagnie leur permet de voyager gratuitement sur la plate-forme du fourgon des bagages.

20 septembre. — J'éprouve, durant ce long trajet en chemin de fer, les mêmes sensations que pendant la traversée de l'Atlantique ; même repos de l'esprit, même quiétude contemplative exempte de toute préoccupation relative au départ, à l'arrivée et à l'emploi de mon temps.

Hier soir, nous avons contourné la partie nord du Lac Salé ; pendant la nuit, nous avons traversé le *grand désert Américain*. Ce matin, je me lève avec le soleil. Nous sommes dans l'État de Nevada. Malgré le froid, le temps est magnifique. Une descente rapide nous amène à Wells, où nous sommes encore à 1,900 mètres au-dessus du niveau de la mer. Une douzaine de pauvres maisons de bois éparses dans le désert, tel est l'aspect de la station de Wells, renommée cependant par ses sources abondantes, qui forment la rivière Humboldt; nous devons en suivre le cours en entier, long d'environ quatre cents kilomètres, jusqu'au lac où elle se perd, au pied de la la Sierra Nevada.

Pendant toute la journée, nous roulons à travers le triste et monotone désert de Humboldt. La chaleur est devenue excessive; le thermomètre marque 30° à l'intérieur des cars; une poussière fine pénètre partout.

Une route tracée par les roues des charriots suit une direction parallèle à la voie. On y croise parfois des convois d'émigrants formés de trois ou quatre pesants véhicules, reliés entr'eux, comme les voitures d'un train de chemin de fer, et attelés d'une douzaine de mules. A Palisade, se détache l'embranchement d'un railway à voie étroite et de construction primitive, qui conduit aux mines d'Eureka.

Aux stations, on rencontre souvent des Indiens Pah-Utes, à peine couverts de misérables haillons. Quelques femmes portent sur le dos un berceau d'osier renfermant un marmot soigneusement caché et emmaillotté; moyennant une petite pièce d'argent, elles découvrent aux regards des curieux la face rougeaude de leur progéniture. De petites filles viennent mendier autour du train; dans leur mauvais anglais, elles ne demandent pas un sou, mais fort bien une pièce de dix sous. La plupart de ces Indiens ont la figure peinte; ils sont petits et laids; en vieillissant ils deviennent hideux. Hommes et femmes laissent croître leurs cheveux, qui restent toujours noirs, même chez les vieillards.

Le paysage, malgré les hautes montagnes bleues qui l'encadrent au loin, conserve toujours son aspect monotone. On ne voit pas d'autre végétation qu'un arbuste épineux à feuilles grises. Çà et là, de larges efflorescences blanchâtres sur lesquelles aucune plante ne peut pousser; de loin en loin, quelque maigre prairie sur les rives du Humboldt. Les canards sauvages paraissent être les seuls habitants de cette contrée désolée.

Quelles devaient être, il y a quelques années, les souffrances des malheureux émigrants, sans cesse en butte aux attaques des Indiens, pendant les mois entiers que durait alors leur pénible voyage à travers ce désert aride!

A la station de Golconde, huttes et campements d'Indiens. Les stations sont de plus en plus éloignées. L'eau nécessaire à la machine est élevée dans les réservoirs au moyen de moulins à vent; depuis longtemps nous en voyons à toutes les gares.

Winnemuca est un gros village avec chantiers et ateliers du chemin de fer. A la station, une diligence est attelée et prête à partir pour les districts miniers du territoire d'Idaho. Malgré les fatigues inouïes et les dangers réels d'un voyage de plus de quatre cents kilomètres sur une route qui n'est tracée que par les ornières des chariots, ces voitures sont toujours encombrées de voyageurs.

L'hôtel de Humboldt, où l'on s'arrête pour le souper, est une véritable oasis dans le désert; une eau limpide, amenée des montagnes voisines, est la seule cause de cette étonnante transformation. Un beau verger planté d'arbres vigoureux, un frais jardin, des peupliers bien venants, à l'écorce lisse, montrent ce que deviendra ce pays lorsqu'on aura fait les travaux nécessaires pour l'arroser.

21 septembre. — Pendant la nuit, nous avons gravi les pentes escarpées de la Sierra Nevada. Le triste État de Nevada, que nous avons traversé sur une largeur de plus de 800 kilomètres, est déjà loin de nous. Nous sommes en Californie. Je me lève avant le jour pour ne rien perdre du paysage; on vient de quitter Summit, point culminant du passage de la Sierra, à 7,042 pieds au-dessus du niveau de la mer. Mais, pendant plus d'une heure, nous passons sous d'interminables abris de neige, véritables tunnels de bois, sous lesquels sont renfermés les bâtiments de deux stations.

Lorsque nous reparaissons à la lumière, la vue plonge sur une profonde vallée, hérissée de sombres sapins. Je m'installe sur la dernière plate-forme, à l'arrière du train; là, point d'obstacle qui gêne la vue. Le ruban sinueux de l'unique voie du chemin de fer se déroule avec une rapidité vertigineuse le long d'une étroite corniche taillée dans le roc et surplombant un affreux précipice. En une heure, et par des circuits sans nombre, nous descendons de 2,000 pieds à travers un paysage alpestre et grandiose.

On passe devant Dutch Flat et Gold Run, mines d'or en exploitation. De larges clairières, ouvertes dans la forêt, laissent à découvert un sol blanchâtre, déchiqueté, fouillé, retourné dans tous les sens. Des conduites d'eau, amenées quelquefois de fort loin, servent au lavage du minerai. Partout, aux environs, se trouvent d'anciens placers abandonnés, des rigoles desséchées, vestiges des travaux exécutés par les premiers pionniers, à l'origine de la découverte de l'or dans le pays. Aujourd'hui, l'exploitation individuelle a presque disparu ; on ne trouve plus, comme autrefois, de pépites à la surface du sol. La pioche du mineur isolé est remplacée par de puissantes machines hydrauliques, qui désagrègent un mètre cube de roche en quelques instants. Les mines d'or sont entre les mains de compagnies financières régulièrement organisées et disposant de capitaux considérables. Leur produit, calculé par d'habiles ingénieurs, ne laisse qu'une faible part à l'imprévu. La spéculation ne s'exerce plus que sur le cours des actions; elle a déserté les placers pour la Bourse de San-Francisco. L'exploitation de la forêt offre une source de revenus, non moins productive, mais encore plus certaine ; de nombreuses scieries convertissent en planches les géants de la montagne.

Nous traversons de profondes vallées sur des ponts chevalets dont l'aspect n'est guère rassurant. Il est vrai que chaque fois que nous nous engageons sur un de ces viaducs tremblants, le train ralentit sa marche. L'un de ces ponts est réellement effrayant : au moment de notre passage, toute une armée d'ouvriers chinois était occupée à le consolider, et, de la plate-forme du wagon, par les intervalles ménagés entre chaque traverse, je voyais, sous nos pieds, comme une fourmilière d'hommes s'agiter à une profondeur énorme

Bientôt la descente se ralentit ; nous passons devant plusieurs camps chinois. John (c'est le nom familier qu'on donne à l'homme de race jaune en Californie) n'est pas exigeant. Afin d'éviter la dépense, il se construit, dans une clairière, près d'un ruisseau, une hutte de branchages ; pour toute nourriture, il se contente d'une poignée de riz et d'une tasse de thé sans sucre : de la sorte, il n'a ni loyer, ni restaurateur à payer, et peut économiser la presque totalité de son salaire.

Au sortir de la forêt, la nature change d'aspect; le pays est très peuplé, bien cultivé et orné de jolies habitations. On traverse une plaine immense parsemée de gros chênes. Toute la contrée n'est qu'un vaste champ de blé. Un interminable pont sur pilotis franchit les marécages voisins de l'Américan river, puis la rivière elle-même. Quelques minutes après, le train s'arrête sous la gare monumentale de Sacramento.

Une foule de marchands viennent nous offrir à bas prix les admirables fruits du pays, raisins, pêches et poires d'excellente qualité. La ville, peuplée d'environ 40,000 habitants, est la capitale de l'État de Californie; elle paraît bien bâtie. Ses rues, larges et régulières, sont toutes ornées de plantations d'arbres. Chaque maison a son jardin. Le monument le plus remarquable est le palais du Sénat, construit sur le modèle du Capitole de Washington. Sa coupole de fer peinte en blanc et soutenue par vingt-quatre colonnes d'ordre corynthien, se détache au-dessus de la verdure et s'aperçoit de fort loin.

Nous ne sommes plus qu'à 225 kilomètres de San-Francisco. La plaine se continue au-delà de Sacramento; ce sont d'abord de grasses prairies, puis une campagne semblable à la Beauce après la moisson, mais ombragée çà et là par de beaux arbres. Tout ce pays est brûlé par le soleil; pendant l'été, le ciel est toujours sans nuages, et pas une goutte d'eau ne vient rafraîchir l'atmosphère.

A Stockton, petite ville de 12,000 âmes, je remarque, pour la première fois, une végétation franchement méridionale. L'oranger, le laurier, le figuier, l'agave croissent autour des maisons. Il existe, en cet endroit, une nappe d'eau souterraine, à quatre mètres de la surface du sol. Chaque propriétaire possède un puits surmonté d'un élégant petit moulin à vent, toujours en mouvement, pour élever l'eau nécessaire à l'arrosage de son jardin ; de là une incroyable fertilité. Cette multitude de petits moulins offre un aspect singulier ; c'est l'un des traits caractéristiques du paysage californien.

Un triste spectacle nous attendait, non loin de là, sur les rives du San-Joaquin. Le pont du chemin de fer s'était effondré la veille sous le passage d'un train de marchandises. On l'avait réparé à la hâte, et nous pûmes passer tant bien que mal ; mais les débris des wagons gisaient encore pêle-mêle au fond du lit à moitié desséché de la rivière. Cet accident avait coûté la vie à deux personnes. C'était la troisième fois que, depuis mon départ de Chicago, je rencontrais sur ma route ces tristes épaves !

Je croyais en avoir fini avec les montagnes ; mais j'avais compté sans le Mont du Diable, l'un des contreforts de la chaîne secondaire qui s'étend à peu de distance de la côte. Après avoir traversé et contourné, au moyen de courbes impossibles, d'étroites vallées bien cultivées, nous franchissons un dernier col élevé de 740 pieds. Une descente rapide, à travers un pittoresque défilé, dans le fond duquel un petit cours d'eau entretient une végétation luxuriante, nous amène dans une vaste plaine sur les bords de la baie de San-Francisco. Le brouillard nous dérobe la vue de la côte opposée.

Ce rivage est très peuplé ; les maisons succèdent aux maisons ; partout de florissants vergers, de belles plantations d'arbres, parmi lesquels je remarque l'Eucalyptus d'Australie, qui, sous le ciel de la Californie, acquiert, en peu d'années, un développement prodigieux. Nous traversons de gros villages, de petites villes, des marais, puis, tout-à-coup, nous quittons la terre ferme et nous nous engageons sur une étroite jetée construite sur pilotis et longue de plusieurs kilomètres. A l'extrémité se trouve une vaste plate-forme édifiée au milieu de la baie. Un bac gigantesque à trois étages, véritable ville flottante, nous attend; deux minutes après, nous voguons vers San-Francisco.

J'ai fort à faire pour défendre ma personne et mon sac contre les tentatives intéressées de la foule des cochers et des commissionnaires d'hôtel. D'un autre côté, je cherche à distinguer la ville, but de mon lointain voyage; une brume persistante m'en dérobe l'aspect.

Mais bientôt nous glissons au milieu de nombreux navires de toutes formes et de toutes dimensions, et j'entrevois, à travers leurs mâts, une longue suite de quais dominés par des collines roussâtres que surmontent de hautes maisons. Notre immense *ferry* continue sa marche; le pont du rez-de-chaussée vient s'adapter exactement à la jetée du débarcadère, avec laquelle il semble faire corps. Cette manœuvre difficile s'opère avec une précision mathématique et en moins de temps que je ne mets à le dire; la foule des passagers franchit sans s'en apercevoir le point qui relie le bateau à la terre ferme et s'écoule, en quelques instants, dans toutes les directions. Je me trouve sur une place assez mal pavée, à la naissance de Market street, principale artère de San-Francisco. Il est 5 heures 30 minutes; c'est l'heure réglementaire indiquée par le guide officiel. Mon voyage de Chicago ici a duré cent vingt-huit heures, ou mieux cent trente et une heures, en y ajoutant les trois heures provenant de la différence des longitudes.

Dix minutes après, j'étais installé au centre de la ville, à l'hôtel Gailhard, la meilleure maison française de San-Francisco.

V.

SAN-FRANCISCO. — CLIFF-HOUSE. — OAKLAND.

San-Francisco est situé par 124° 48 de longitude ouest et 37° 48 de longitude nord, c'est-à-dire sous le même méridien qui, en Europe, traverse l'Andalousie, la Sicile et la Grèce.

Sa population, qu'un recensement fixait, en 1847, à 459 habitants, dépasse aujourd'hui 300,000 âmes.

Le 2 février 1848, à la suite de la guerre entre le Mexique et les États-Unis, la Californie était cédée aux Américains. Quelques années après, la découverte de l'or y attirait, de tous les points du globe, des milliers d'aventuriers. Le nom du petit village naguère ignoré fut bientôt dans toutes les bouches. L'admirable baie de San-Francisco, autrefois déserte, devint le rendez-vous général de la marine de commerce de toutes les nations.

Mais ce ne fut pas sans d'immenses travaux que put s'accomplir la transformation de ce terrain mouvant, sablonneux et accidenté. Des collines entières furent renversées dans la mer, et le sol nouvellement conquis sur la baie consolidé au moyen d'innombrables pilotis. Au prix où était la main d'œuvre à cette époque, les dépenses furent énormes ; mais les loyers atteignirent des prix si exorbitants, qu'en moins de trois ans, le constructeur était entièrement remboursé. La ville s'éleva comme par enchantement sur ce nouvel emplacement, et en peu de temps déborda sur les hauteurs voisines.

Depuis cette époque, ce prodigieux accroissement s'est à peine ralenti. San-Francisco est devenue la première place de commerce sur l'Océan pacifique. Ravagée par de nombreux incendies, elle a rebâti chaque fois ses maisons en matériaux plus solides. Aujourd'hui, dans les quartiers principaux, le fer, le marbre et le granit sont à peu près seuls employés dans les constructions.

Malgré le sol extrêmement accidenté, la plupart des rues se coupent à angle droit, selon l'usage américain; on n'a tenu aucun compte des inégalités du terrain dans leur tracé invariablement rectiligne. Il en résulte parfois des perspectives bizarres et choquantes.

Les rues principales sont sillonnées de nombreux cars, de formes variées; j'en ai vu d'oblongs, d'autres tout-à-fait ronds. Dans les rues trop inclinées, la traction à l'aide de chevaux serait impossible. Les cars, sans moteur apparent, sont remorqués par un cable souterrain; ils gravissent et descendent rapidement les pentes les plus considérables.

Montgomery, Kearney, Market street sont les principales rues. Elles sont bordées de beaux édifices, de superbes magasins, de nombreux offices de change. Leur brillant éclairage, jusqu'à une heure avancée de la nuit, leurs larges trottoirs, encombrés de la foule élégante des promeneurs, me rappellent jusqu'à un certain point les beaux quartiers de Paris. Dans les autres villes américaines, les magasins se ferment en général de bonne heure, et le quartier des affaires, si bruyant et si animé dans la journée, devient, le soir, calme et silencieux.

Les hôtels sont nombreux, bien tenus et leurs prix

modérés. Le Grand-Hôtel était cité comme l'un des plus remarquables des Etats-Unis ; son architecture de bon goût, sa riche façade couverte de sculptures en font encore un des principaux monuments de la ville. Mais il vient d'être dépassé par le « Palace Hôtel, » qu'on dit être le plus grand du monde entier. C'est une immense construction, uniformément peinte en blanc, toute en fer, en verre et en briques, avec sept étages de balcons en saillie, trois ascenseurs, une vaste cour couverte, plus de mille chambres et une infinité de salons et salles splendides, cabinets de lecture, agences de télégraphes et de chemins de fer, etc.

En Amérique, le rez-de-chaussée des hôtels est comme un lieu public ; c'est un promenoir ouvert à tous, où chacun peut aller et venir à sa guise, se reposer en lisant les journaux, faire sa sieste à demi couché dans des fauteuils-balançoires en canne, sans que personne s'occupe de vous.

La partie basse de la ville qui avoisine les quais est consacrée au commerce de gros. C'est le quartier des entrepôts, des manufactures, des usines, des scieries, des fonderies de fer, des fabriques de toute sorte. On y circule sur de larges trottoirs. Le pavage des rues y est remplacé par une épaisse couche de poussière, tolérable en été, où il ne pleut jamais, mais qui, dans l'hiver, doit se convertir en une boue impraticable aux piétons.

A mesure que l'on s'éloigne du centre de la ville, les constructions en bois deviennent plus communes. Les boutiques sont remplacées par de charmantes résidences particulières, séparées de la rue par un joli jardin planté de yuccas, de myrthes, de géraniums et de fuchsias aux fleurs éclatantes. Nous ne connaissons, en France, ces derniers que sous la forme d'arbustes. A San-Francisco, ce sont de petits arbres, formant de véritables bosquets touffus et atteignant parfois la hauteur d'un premier étage.

La rue de la Mission, sur une longueur de plus d'un kilomètre, offre une succession continue de frais jardins et d'élégants cottages; plus loin, elle traverse des terrains stériles couverts çà et là de quelques misérables huttes en planches grossières, autour desquelles le vent a formé de hautes dunes de sable mouvant, à la surface unie comme la neige. On enfonce jusqu'à mi-jambe dans ces monticules de sable impalpable, sans cesse déplacés par les caprices de l'atmosphère. C'est là cependant, sur ce sol ingrat, que se trouvent les jardins de Woodwards.

San-Francisco est fière, et à juste titre, de ce bel établissement, où se presse, chaque dimanche, une foule de promeneurs. Comme toujours, c'est l'eau qui a transformé, en peu d'années, une dune stérile en vertes pelouses ombragées de beaux arbres. Un musée d'histoire naturelle, une collection fort complète des animaux et des produits du sol californien, un bel aquarium, un jardin botanique et zoologique, de vastes serres, une galerie de tableaux et de sculptures, enfin un restaurant et une salle de concerts, telles sont les principales attractions de ce beau jardin, que le touriste ne devra pas manquer de visiter. Partout l'eau coule en abondance; des allées sinueuses serpentent à travers les rochers où croissent de nombreuses variétés d'agaves vigoureux et de robustes plantes grasses. Le feuillage odorant des myrthes et des eucalyptus vivifie l'atmosphère. Enfin, on n'a rien négligé de ce qui peut contribuer à l'amusement et au développement physique de la jeunesse.

C'est ainsi que j'ai remarqué, outre un cirque et un gymnase fort bien organisés, un long bateau en forme d'anneau, flottant sur un bassin circulaire et en suivant les contours intérieurs. Une troupe d'enfants, ramant avec énergie, prenaient plaisir à le faire tourner avec rapidité sur lui-même. Un pareil divertissement aurait, je n'en doute pas, grand succès à Paris sur les bassins des Tuileries.

Je fus, un jour, témoin d'un curieux spectacle. La veille, j'avais assisté à un meeting républicain en l'honneur de la candidature de Hayes à la présidence. La réunion avait eu lieu dans une vaste halle tout enguirlandée et pavoisée de drapeaux et d'emblêmes patriotiques. Sur les murailles se lisaient, affichées en gros caractères, force réclames et sentences politiques.

La société, bruyante et mêlée, était composée en grande partie de nègres ou d'hommes de couleur fumant, chiquant et consommant les rafraîchissements servis en abondance sur de longues tables. De temps en temps, un énergumène, cherchant à dominer le tumulte, montait à la tribune et expectorait une sorte de discours accompagné de gestes et de contorsions véritablement insensées. Puis, une musique enragée, où la grosse caisse, les cymbales et le fifre remplissaient le principal rôle, éclatait brusquement sous les voûtes sonores; après quoi un nouvel orateur se précipitait à la tribune, ou bien, monté sur quelque table, entamait un nouveau speech. Le tout pour annoncer qu'une grande démonstration ou « parade, » c'est le mot consacré, aurait lieu le lendemain.

Au jour dit, une colonne d'au moins 8,000 citoyens, coiffés d'un képi blanc, revêtus d'un manteau vénitien

en toile cirée blanche, avec ces mots inscrits sur le dos :
« Hayes Invincibles, » portant chacun, au bout d'une
perche, un transparent illuminé, défilaient au pas, rangés
militairement quatre par quatre, avec officiers au manteau et au képi rouges en serre-file ; chaque section,
désignée par une lettre de l'alphabet, était précédée d'une
musique semblable à celle que j'avais entendue la veille.
Une foule immense garnissait les trottoirs sur le passage
de la colonne ; la circulation des cars était interrompue.

Pendant plus de deux heures, l'interminable procession
défila en bon ordre dans les principales rues ; chaque
homme tenait à la main un petit paquet de forme allongée
dont je ne m'expliquai pas tout d'abord l'usage.

Tout-à-coup, vers dix heures et demie, alors que la
colonne, massée sur huit hommes de front dans la rue
Kearney, y occupait une étendue de plus d'un kilomètre
en ligne droite, à un signal donné par une fusée, chaque
homme, tout en continuant à marcher au pas, mit le feu
aux pièces d'artifice qu'il tenait à la main. Aussitôt, des
fenêtres et des balcons *républicains* partirent d'innombrables fusées, pétards, soleils, feux de Bengale, etc.,
tandis que les fenêtres *démocrates* restaient fermées et
silencieuses. Pendant une demi-heure, un feu d'artifice
entremêlé de frénétiques hurrahs dura sans interruption,
tandis que la musique, de plus en plus enragée, estropiait tant bien que mal des airs tirés de *Madame Angot*.
Lorsque les dernières fusées eurent été consumées, la
colonne rentra à son quartier général, siège du meeting
de la veille, illuminé par un grand feu de copeaux allumé
en pleine rue. Là, chaque citoyen déposa ses insignes et
rentra ensuite dans la vie privée.

A ce sujet, on m'a affirmé que les personnes *respecta-*

bles de la ville s'abstenaient généralement de prendre part à ces sortes de démonstrations. La plupart des gens qui la composent reçoivent un dollar pour leur soirée. C'était aujourd'hui le tour des républicains. Demain, les démocrates organiseront une parade exactement semblable. Chaque parti cherche à surpasser le parti rival, en exhibant le plus grand nombre possible de musiciens, de paradistes, de transparents et de pièces d'artifice. Seulement le jour de la parade *démocratique*, les balcons républicains resteront dans l'ombre, et les fenêtres fermées aujourd'hui prendront alors une revanche éclatante. Du reste, aucune démonstration hostile du parti opposé. Chacun respecte les convictions de son voisin.

Pour en finir avec la politique, on me dit que le parti républicain est celui qui compte le plus d'adhérents à San-Francisco, et que jamais le parti démocrate ne pourra organiser une aussi brillante « parade » que celle de ce soir.

De l'hôtel où je suis logé, au coin de Pine street et de Kearney, je n'ai que deux cents pas à faire pour me trouver en Chine. On sait que les Chinois fourmillent en Californie et que leur nombre tend toujours à s'accroître. On évalue aujourd'hui à trente mille le nombre des fils du Céleste-Empire fixés à San-Francisco. Ils n'occupent pas, comme je le supposais, un quartier reculé. C'est au centre de la ville, à deux pas des artères les plus commerçantes, qu'ils ont pris solidement racine et que, de là, ils tendent constamment à s'étendre, en envahissant peu à peu et définitivement les maisons voisines. Là où un Chinois s'est installé, il sera remplacé par un autre Chinois, mais jamais par un Américain. C'est ainsi que leur colonie, d'abord restreinte à quelques blocs ou carrés de maisons, envahit successivement les blocs voisins, et forme maintenant, dans la ville américaine, une véritable enclave chinoise, avec ses mœurs particulières, ses usages et ses institutions immuables.

Je ne me lasse pas de parcourir ce quartier si nouveau et si intéressant pour moi. J'examine chaque boutique, je regarde tout, j'entre partout; c'est mon droit ici, les Chinois sont habitués à ces sortes de visites et ne s'en préoccupent pas le moins du monde.

Toute une population jaune grouille dans les soussols généralement occupés par les boutiques des barbiers. Les clients attendent patiemment leur tour, en mâchant le bétel, tandis que le patient présente son crâne barbouillé de savon au rasoir agile de l'habile opérateur aux bras nus.

A chaque pas un objet nouveau attire mon attention : tantôt c'est l'étalage d'un marchand de comestibles ; ses denrées, peu ragoûtantes, arrivent directement de Canton ; ce sont des poissons racornis et desséchés ; des canards fumés, à la peau grasse et luisante, aplatis, en forme de galette; de petits jambons que je soupçonne fort d'appartenir à la race canine, des œufs amenés soigneusement à un degré de pourriture convenable, des mélanges sans nom, des graisses indescriptibles, des holothuries, des nageoires de requin et jusqu'aux fameux nids d'hirondelle si recherchés des gourmets chinois. Une odeur nauséabonde s'échappe de ces comestibles étranges et malpropres.

Les boucheries offrent surtout un aspect repoussant. La viande crue est émincée en morceaux presque microscopiques et rangée par petits tas ; des animaux bizarres et suspects, fraîchement écorchés, pendent çà et là. Le boucher, à demi-nu et dégouttant de sang, s'agite au fond de la boutique sombre.

Plus loin, c'est un épicier; on trouve de tout dans sa boutique : des cigares, des sandales à semelle épaisse, des billets de loterie, des photographies, et enfin de l'opium que chaque client vient chercher muni de son petit pot. Le vendeur plonge une baguette dans le vase qui contient la précieuse denrée, retire une parcelle de matière noire et gluante, la pèse minutieusement, fait rapidement son calcul à l'aide d'un instrument spécial composé de tringles où sont enfilées plusieurs séries de boules, fait sonner la monnaie qui lui est remise, et, au moyen de son pinceau, inscrit la recette sur son livre.

Partout de longues enseignes verticales; de larges banderoles en papier de couleur sur lesquelles se détachent en lettres d'or les bizarres caractères chinois. Les restaurants sont reconnaissables à leurs transparents illuminés, à leurs balcons couverts de fleurs et ornés de lanternes en papier de couleur, aux grosses boules rouges suspendues au-dessus de la rue.

Les fruiteries en plein air ne sont pas moins curieuses. Les fruits du pays sont mêlés aux productions de la Chine, les courges de Californie aux racines de nénuphars, les bananes des îles Sandwich aux raisins de Sacramento. En outre, le marchand à la spécialité de la fabrication des chiques de bétel, et se livre sous les yeux du public à la manipulation compliquée des divers ingrédients qui entrent dans sa composition.

Les rues principales du quartier chinois sont reliées entre elles par de longues ruelles, sombres, étroites et malpropres. Là vit, entassée dans d'obscurs réduits, toute une population de femmes et de jeunes filles vendues par leurs parents à des spéculateurs qui les exploitent.

Il y a plusieurs pagodes bouddhiques à San Francisco. Celle que je visitai était mesquinement installée dans de sombres pièces situées au fond d'une impasse et d'un accès assez difficile. Des bâtonnets odorants brûlent devant des idoles grotesques. Partout un clinquant à bon marché, des ornements, des banderoles en papier doré et découpé. Ces murs sont couverts de caractères chinois qui probablement retracent de pieuses sentences. L'inscription suivante en anglais : *Beware of pick-pockets* (Défiez-vous des pick-pockets) complète le tableau.

Dans l'impasse qui sert de vestibule à la pagode, on a installé, sous un dais de papier doré, de bizarres portraits enluminés, roulant des yeux furibonds. Une foule peu respectueuse échange des lazzis avec les bonzes qui célèbrent les cérémonies du culte avec force génuflexions et chants nasillards. On apporte, sur un plateau, de petites soucoupes pleines de riz, des gâteaux et des friandises. Ce sont les offrandes destinées à Bouddha. Après chaque prière le prêtre met le feu à un petit tas de papiers de diverses couleurs et transporte le même plateau devant chaque idole. Toute une cohue de femmes et d'enfants rient aux éclats et babillent aux alentours. Plusieurs fois le policeman américain est obligé d'intervenir pour rétablir l'ordre. La tenue des quelques étrangers qui, comme moi, assistaient à cette cérémonie, était certainement plus décente que celle de la foule chinoise, et cependant la musique charivaresque qui accompagnait les litanies des bonzes portait peu à la dévotion.

Il y a deux théâtres chinois à San Francisco. J'ai assisté à une représentation dans chacun d'eux. Le spectacle commence à trois heures de l'après-midi et ne se termine guère avant deux heures du matin. Le rez-de-chaussée est occupé exclusivement par les hommes ; les galeries supérieures sont plus spécialement réservées aux dames ; cependant les hommes peuvent aussi y prendre place. Mais jamais on ne verra un Chinois adresser en public la parole à une femme, ni même la regarder. La scène est semblable à celle de nos théâtres, à cette différence près que les musiciens en occupent le fond et qu'il n'y a pas de décors. Un écriteau accroché en haut d'un bâton indique le lieu où se passe l'action.

Si le chant des acteurs est d'une monotonie désespérante, la musique qui l'accompagne a quelque chose d'infernal et dont rien ne peut donner une idée. Il y a surtout un joueur de cymbales qui se démène furieusement pendant que le gong résonne à outrance et que des castagnettes enragées font entendre un cliquetis indescriptible. Au milieu de cette cacophonie étrange et burlesque, mon oreille ne peut saisir aucune mesure, rien qui ressemble à un accord musical tel que nous le comprenons.

Il est vrai que sur la scène se déroule un drame terrible ; adultère, empoisonnement, assassinat, combat entre deux frères, femmes échevelées exécutant des cabrioles invraisemblables, rien n'y manque. Le jeu des acteurs, dans les situations les plus dramatiques est d'un grotesque inouï et rappelle à s'y méprendre les scènes peintes sur les paravents. Les rôles de femmes sont toujours remplis par des hommes dont le principal talent est d'imiter l'accent nasillard et prétentieux des femmes, et surtout la démarche embarrassée particulière aux grandes dames chinoises dont les pieds sont mutilés dès leur enfance. Le public masculin semble s'intéresser vivement aux diverses péripéties de la pièce. Quant aux dames chinoises, mes voisines, elles ne cessent de changer de places, de croquer des sucreries, de babiller entre elles et de fumer des cigarettes tout en mettant leurs pieds sur le dossier des banquettes. Elles sont en général jeunes et quelques-unes jolies. Elles se ressemblent toutes plus ou moins ; elles ont cela de commun avec les hommes. Rien n'est plus difficile que de reconnaître un Chinois au milieu d'autres Chinois, comme aussi de lui assigner à peu près son âge réel. Deux ou trois dames portent leur enfant accroché au dos, vont et viennent sans plus s'inquiéter de leur fardeau, lequel pendant ce temps se cramponne de la façon la plus comique du monde, et concentre tous ses efforts pour se maintenir en équilibre.

Le costume des Chinoises est peu gracieux ; une large blouse de soie noire dissimule leurs formes et cache complétement la taille. En revanche, elles prennent le plus grand soin de leur chevelure, invariablement du plus beau noir. Elles savent enduire leurs cheveux de gomme, les ramener derrière la tête et les disposer ensuite sur les côtés en édifices compliqués, entremêlés de longues aiguilles et de fleurs artificielles.

C'est surtout la nuit que le quartier chinois est intéressant à visiter. Les rues sont pleines d'animation jusqu'à une heure fort avancée. De joyeux groupes stationnent devant les restaurants illuminés par des transparents de couleur et des lanternes en papier huilé.

On m'avait parlé à l'hôtel d'un Chinois qui avait habité la France. Je me mis en rapport avec lui et pendant deux jours je le gardai comme guide et interprète.

Pin Kuong, quoique âgé seulement de 26 ans, avait déjà
beaucoup couru le monde. Natif de Canton, il avait été
ramené en France par un capitaine de la marine marchande qui l'avait pris en affection. Il avait séjourné deux
ans à Saint-Malo, puis quatre ans à Saïgon comme interprète officiel; de retour dans son pays natal, il s'y était
marié et était venu se fixer avec sa femme à San Francisco. Il y remplissait alors les fonctions d'interprète à
raison de cent cinquante dollars par mois, outre les
petits profits. Pin Kuong parlait très bien l'anglais, mais
encore mieux le français, qu'il articulait sans le moindre
accent, et comme s'il eût été Français de naissance.
Grâce à lui, j'ai pu voir bien des choses qui m'auraient
échappé; j'ai pu surtout étudier le caractère chinois et
obtenir l'explication de bien des faits dont jusqu'alors
je ne me rendais pas un compte exact. C'est ainsi que de
jour et de nuit nous avons visité les maisons de jeu, les
bouges infects où l'on fume l'opium, les magasins les
plus renommés, les boutiques de marchands de bric à
brac, les bureaux du journal chinois, les ateliers où l'on
confectionne les cigares, les restaurants à la mode, les
pagodes, les théâtres, etc. J'ai même voulu déjeûner au
restaurant chinois, et je me suis appliqué à me servir
des bâtonnets qui remplacent nos couverts de table. Je
ne décrirai pas ce repas. A part le canard fumé du fleuve
bleu, et le riz cuit à l'eau, tout le reste était exécrable.
Les viandes servies en petits morceaux dans des soucoupes, nageaient dans une graisse écœurante; le poisson était assaisonné avec de l'huile de ricin, les confitures et les pâtisseries exhalaient une vague odeur de
pommade rance. Pour toute boisson pendant le repas on
sert dans des tasses microscopiques le *sam-chou* brûlant,

sorte d'eau-de-vie de riz très faible, et à la fin une tasse de thé sans sucre.

Pin Kuong fit honneur à ce festin et mangea pour nous deux. En partant, il enfouit dans ses vastes poches tout ce qui restait de pâtisserie. Sa femme et son gros marmot qu'il me présenta, furent ravis de cette aubaine inattendue. Malgré ses appointements élevés, mon Chinois n'était guère mieux logé que la plupart de ses compatriotes. Il occupait au fond d'un couloir obscur une petite chambre sans air où il faisait tout son ménage y compris la cuisine. Bien plus, il avait établi au-dessus du lit conjugal une soupente qu'il sous-louait à la nuit à deux de ses compatriotes. Toute son ambition consistait à mettre de côté un grand nombre de dollars ; après quoi il retournera vivre dans son cher pays natal.

Cliff-house est la promenade favorite des habitants de San Francisco. Un matin je partis de bonne heure par le car de Lone Mountain ; là, je visitai le cimetière principal d'où l'on jouit d'une vue magnifique sur la Porte d'Or et la baie de San Francisco. De larges allées macadamisées, de beaux massifs de fleurs et d'arbustes vigoureux ornent la cité des morts. Les cimetières en Amérique n'ont rien de l'aspect froid et lugubre de ceux de notre pays. Un bâtiment spécial reçoit en dépôt les corps des Chinois morts en Californie, jusqu'au moment où un navire pourra les rendre à leur patrie. Les Chinois, si indifférents pourtant en matière religieuse, ne consentent jamais à s'expatrier que si une clause formelle assure à leur dépouille mortelle le retour à la terre natale.

Au sud du cimetière se trouve le champ de course et

le nouveau parc de la Porte-d'Or, conquis sur le sable à force d'irrigation et d'argent.

De là, une large route bien entretenue traverse en ligne droite, sur une longueur de six kilomètres, une campagne absolument déserte. Au nord, de maigres arbustes épineux bordent la route. Du côté du sud, la vue s'étend au loin sur une série de dunes et de tristes collines de sable mouvant dépourvues de toute espèce de végétation ; puis, à un brusque détour de la route, on aperçoit la mer immense et sans bornes. C'est l'Océan Pacifique ; la terre la plus proche, l'Archipel Japonais, est à 2,400 lieues d'ici.

Cliff-house veut dire en français maison de la falaise. En effet, l'hôtel qui porte ce nom est bâti au sommet d'un noir rocher qui domine l'Océan d'une hauteur considérable. A quelques centaines de mètres au large, incessamment battus par les eaux, s'élèvent trois rocs abrupts. Là, une troupe nombreuse de phoques, vulgairement appelés lions de mer, prennent constamment leurs ébats, se hissent péniblement sur les pentes escarpées de leur îlot. Quelques-uns dorment au soleil ; d'autres, plus folâtres, se poursuivent en aboyant, se précipitent brusquement à la mer et continuent leurs jeux au milieu des flots. On croirait entendre une meute de chiens courants. Le pelage de ces animaux est généralement roux ; de là leur nom de lion de mer. Les plus gros atteignent la taille d'un vache ordinaire.

Au sommet le plus élevé de ces ilots, de grands oiseaux blancs, qu'à leur maintien grave je crois reconnaître pour des pingoins, contemplent impassibles le spectacle animé qui se passe au-dessous d'eux.

De la terrasse de Cliff-house, on peut, tout en déjeûnant à son aise, jouir de ce curieux tableau.

Le climat de San-Francisco est fort singulier : contrairement à ce qui se passe dans l'hémisphère nord, l'été est la saison la plus froide. Une bise glaciale venant du nord-ouest ne cesse de souffler pendant les mois de juin, juillet et août. Alors il ne pleut jamais, pas plus qu'en septembre et octobre. Durant ces deux derniers mois, la température s'élève sensiblement. Toutefois, chaque soir le vent du nord souffle avec force. Il serait imprudent de sortir alors sans être chaudement vêtu. A partir de la mi-novembre, les pluies commencent à tomber pour ne cesser définitivement qu'au mois de mai. C'est, au dire des habitants, la saison la plus agréable de l'année. Le vent du nord a cessé de souffler ; une brise constante venant du sud échauffe l'atmosphère et entretient une température égale, ni trop chaude ni trop froide. Ce singulier climat est du reste particulier à la ville de San-Francisco. De l'autre côté de la baie, il est tout différent ; les saisons y suivent leur cours régulier.

La plupart des négociants de San-Francisco ont leur maison de campagne à Oakland. A l'heure où se terminent les affaires, on s'embarque sur un des immenses vapeurs qui partent toutes les demi-heures et peuvent transporter à chaque voyage plusieurs milliers de passagers. Le dimanche, surtout en été, la population en masse, fuyant le climat inégal de San Francisco y vient chercher, à l'ombre des grands arbres, un air plus doux, et les mille distractions de la campagne.

Bien que constituée en ville, Oakland offre un aspect essentiellement rural. Le commerce y est circonscrit dans un quartier restreint ; tout le reste de son territoire, plus étendu que celui de San-Francisco, est couvert de maisons de plaisance, de jolies villas, de beaux jardins, de ravissantes propriétés. Les tramways circulent partout. Chaque demi-heure, à travers de larges avenues bordées de beaux arbres au feuillage toujours vert, un chemin de fer dessert les huit stations comprises dans l'intérieur de la ville. Les voyageurs qui se rendent d'une station à une autre, sans dépasser les limites de la cité, sont transportés gratuitement.

Grâce à ces divers moyens de communication, la ville s'accroît avec une rapidité prodigieuse. Douze cents maisons y ont été édifiées dans l'espace d'une année. J'ai remarqué une belle église gothique et un hôtel monumental; comme la plupart des maisons du pays, ces deux édifices sont entièrement en bois, afin de pouvoir résister aux tremblements de terre assez fréquents dans la contrée.

La population d'Oakland s'élève à quarante mille habitants. Tout ce pays est magnifique; la baie en limite capricieusement les contours et y découpe des golfes profonds et sinueux ombragés par de puissants eucalyptus et d'énormes chênes au feuillage touffu, d'où la ville tire son nom. De petits vapeurs desservent les habitations éparses sur les rivages de ces fiords californiens. Je dois noter ici un détail caractéristique et qui contribue singulièrement à embellir le paysage; le jardin de chaque maison de campagne paraît ouvert à tout venant; ici point de mur entre la voie publique et la propriété privée, point de porte fermée qui gêne la vue; le plus souvent, il n'y a pas même la moindre clôture; quand elle existe, c'est sous la forme d'un léger treillage à peine élevé de trente centimètres au-dessus du sol.

Cette disposition permet au promeneur d'admirer à l'aise les massifs de fleurs, les bosquets de fuchsias et d'arbres verts, les fontaines jaillissantes et les vertes pelouses des jardins. Tous les styles imaginables sont représentés dans la construction des villas. Les architectes californiens ont donné un libre cours à leur fantaisie. Si quelquefois ils pèchent par le goût, il faut convenir cependant que l'ensemble en est grand, riche, et le plus souvent élégant. Tout cela est bâti en bois, il est vrai, mais soigneusement peint en blanc et d'une propreté irréprochable. On n'y rencontre jamais de petites baraques comme dans certains quartiers de la banlieue de Paris.

L'Université de l'Etat de Californie occupe un des sites les plus charmants d'Oakland ; elle est ouverte, sans aucune rétribution, aux étudiants des deux sexes. Par une loi spéciale, la vente des boissons alcooliques est interdite dans un rayon de deux milles aux alentours.

J'aurais bien voulu étendre plus loin le cercle de mes excursions, visiter les Geysers, les gros arbres de Mariposa dont la hauteur atteint le chiffre prodigieux de cent trente mètres, et surtout la célèbre vallée de Yosemiti, le Chamonix de l'Amérique. Par malheur, le temps me manquait, et il me fallait songer sérieusement au retour.

Contrairement à l'opinion généralement reçue, la vie matérielle est à bien meilleur marché à San Francisco que dans toute autre partie des Etats-Unis. L'émigration chinoise a fait baisser énormément le prix de la main-d'œuvre et par suite celui des denrées. De plus, le Chinois est sobre, intelligent, patient et laborieux ; grâce à ces qualités, il réussit dans tout ce qu'il entreprend ; en peu de temps, il devient excellent maraîcher et parfait jardinier. C'est lui qui approvisionne les marchés de San-Francisco de savoureux légumes et de fruits exquis. Il produit beaucoup et à bon compte. Il résulte de tout cela que vous trouvez à San-Francisco de bons restaurants français, où, si vous voulez vous contenter du vin du pays, vous vivrez aussi bien et pas plus cher qu'à Paris. Le vin rouge de Californie n'est pas mauvais ; on s'habitue bien vite à son goût de terroir. Du reste une bouteille de Bordeaux ordinaire, mais authentique, venu de France en cent trente jours par le cap Horn, ne coûte que deux francs cinquante centimes.

Les loyers sont toujours fort chers. Il en est de même des voitures. On vous demandera dix dollars (cinquante francs) pour une promenade de quelques heures ; deux dollars pour une simple course en fiacre. Mais on n'en use presque jamais. Il y a partout des tramways, le tarif est de sept cents (le cent est la centième partie du dollar et vaut à peu près un sou) ; en prenant quatre billets, on ne paye que vingt-cinq cents, et il vous reste trois coupons valables sur toutes les lignes de la ville.

Le billet de banque ou *greenback* est la monnaie usuelle aux États-Unis ; mais en Californie il cesse d'avoir cours et est remplacé par l'argent. Dans les autres États de l'Union, l'argent a la même valeur que le greenback, l'or seul fait prime. A San-Francisco, l'argent aussi fait prime ; le greenback n'est reçu qu'avec perte et seulement chez les changeurs. Ainsi vingt dollars en or vaudront à San-Francisco vingt-et-un dollars en argent et vingt-deux dollars en papier. De plus, il n'y a pas de monnaie de cuivre. Les pièces de un, deux et trois cents ne circulent plus ici. La seule monnaie en usage est l'argent divisé en pièces de un dollar, cinquante, vingt-cinq, vingt, dix et cinq cents ; mais cette dernière pièce est presque introuvable : on se sert généralement de la pièce de dix cents pour les transactions sans importance. Je viens de dire qu'une course en car était tarifée sept cents, c'est là un prix imaginaire. En effet, on ne vous rendra pas de monnaie sur la pièce que vous donnez en paiement, car il n'en existe pas. Il en sera de même à la brasserie. Un verre de bière coûte cinq cents. On vous rendra, sur votre pièce de dix cents, un ticket valable pour un autre verre de bière que vous prendrez quand il vous plaira. De sorte qu'au bout de peu de temps votre porte-monnaie est rempli de coupons de toutes sortes.

Ce qui fait le charme principal de San-Francisco, c'est que la ville n'est pas seulement américaine, mais encore cosmopolite. Les étrangers y sont en plus grand nombre que partout ailleurs ; les Français, les Allemands, les Italiens s'y dénombrent par milliers. Souvent, j'entendais parler français autour de moi, ce qui ne m'était pas encore arrivé depuis mon départ de Montréal. Ici le dimanche n'a rien de la rigueur américaine. Aucune loi n'ordonne ce jour la fermeture des magasins. Les petits théâtres, les concerts, les cafés chantants, si nombreux à San-Francisco, restent ouverts au public.

Il y a cependant ici un côté vraiment américain et que je ne dois pas négliger de signaler. C'est l'empressement avec lequel on profite des nouvelles découvertes de la science, pour en appliquer en grand les résultats et les utiliser au point de vue des services qu'ils peuvent rendre dans la vie journalière. Ainsi chaque hôtel, chaque banque, chaque office important est muni d'un appareil télégraphique spécial au moyen duquel il communique avec une caserne de police, un poste de pompiers et une agence de piétons. S'il presse le premier bouton, un policeman viendra immédiatement à son secours ; à l'appel du second bouton, la pompe à incendie ne tardera pas à paraître ; enfin à toute heure du jour et de la nuit, prévenu par le troisième bouton, un commissionnaire viendra, de suite, se mettre aux ordres de la personne qui a besoin de ses services.

Les attentats contre les personnes, si communs autrefois, ont beaucoup diminué ; cependant ils sont encore malheureusement trop fréquents. Tout individu honorablement connu peut, sur sa demande, recevoir de la police un sifflet dont le son particulier est connu des agents. Se voit-il menacé d'une agression, il n'a qu'à donner un coup de sifflet ; les policemen qui se trouvent dans les environs accourent aussitôt pour lui prêter main-forte. La veille de mon départ, comme je sortais de l'hôtel, je fus témoin de l'utilité du sifflet de police. Une femme éplorée courait dans la rue en criant au secours. Son mari venait de recevoir une balle de revolver. Soudain un passant fit retentir un coup de sifflet. Les agents, prévenus de suite, arrêtèrent immédiatement l'assassin, qui n'eut pas le temps de s'enfuir.

VI.

L'UTAH. — SALT-LAKE CITY. — LES MORMONS.

Avant peu d'années, la Californie sera reliée aux États de l'Atlantique par une seconde voie ferrée, qui, de Los Angeles, ira rejoindre Santa-Fé, à travers l'Arizona et le Nouveau-Mexique. Mais, aujourd'hui, j'étais forcé de prendre, au moins jusqu'à Cheyenne, la route que j'avais déjà suivie. Je comptais, de Cheyenne, me rendre à Denver, capitale du Colorado, et, de là, directement à Saint-Louis, par le Kansas-Pacific. Par malheur, les tarifs de la « Compagnie Centrale et Union Pacific » ne se prêtent pas facilement à cette combinaison ; on exige le même prix pour Cheyenne que pour Omaha, qui est à 930 kilomètres au-delà ; c'est toujours cent dollars. Il est vrai qu'il me restait la ressource de prendre un billet pour Omaha et de le revendre à Cheyenne. C'est à ce dernier parti que je m'arrêtai.

Les premiers voyageurs qui se sont rendus dans l'extrême-ouest, se plaignent tous des allures grossières de la société plus que mêlée avec laquelle ils se trouvaient forcément en contact. Ces inconvénients n'existent plus depuis que l'on a organisé des trains spéciaux, dits d'émigrants, et ne comprenant que des voitures de troisième classe. Le trajet de New-York à San-Francisco se fait, de cette manière, en quatorze jours et ne coûte guère que 300 francs. Souvent nous rencontrions quelques-uns de ces trains, garés sur le passage de notre express, et je plaignais ces malheureux émigrants, condamnés à passer deux semaines dans de pareilles conditions.

La compagnie a organisé, en outre, des trains particuliers pour les ouvriers et les terrassiers qu'elle emploie. Ce sont de véritables petits logements roulants avec cuisine, salle à manger et dortoir, qui se transportent et stationnent partout où se trouvent des travaux à exécuter.

Grâce à cette combinaison et aussi à l'élévation des tarifs, la société avec laquelle je me trouvais en rapport était semblable à celle que l'on rencontre généralement dans les états plus policés de l'Atlantique. Les Chinois et les nègres ne montaient jamais qu'en seconde classe. Il y avait bien aux premières certains gentlemen, assez correctement vêtus du reste, mais ne dédaignant pas de se moucher dans leurs doigts ; beaucoup d'autres, le corps à demi renversé, les jambes appuyées sur le dossier des banquettes et les pieds dépassant le niveau de la tête, semblaient se complaire dans cette bizarre et incommode posture, chère à tout Américain. Presque tous mordillaient de petites tablettes de tabac comprimé, et ne cessaient de chiquer qu'à l'heure des repas. Mais, dans les wagons réservés aux dames et à leur famille, la tenue était généralement irréprochable. En voyage, l'Américain est peu causeur ; rarement il s'inquiète d'où vous venez et où vous allez. Lorsque je demandais un renseignement, si mon mauvais anglais n'était pas compris de suite, on ne faisait aucun effort pour me venir en aide ; du reste, ma connaissance imparfaite de la langue m'interdisait toute conversation prolongée, et j'avais la plus grande difficulté à saisir le sens des réponses qui m'étaient faites avec volubilité, d'un accent nasillard, et en mangeant la moitié des mots. Somme toute, l'étranger qui ne possède pas la langue à fond, comprend encore plus difficilement un Américain qu'un Anglais. Souvent on me prenait pour un Allemand ; la première question que m'adressait invariablement mon interlocuteur était celle-ci : « Comment trouvez-vous notre pays ? » Je m'empressais toujours de répondre par une série d'adjectifs qui flattaient singulièrement l'amour-propre national, que chacun en ce pays possède au plus haut degré.

Si les hommes sont taciturnes, en revanche les enfants sont fort bruyants, tout-à-fait indisciplinés, pour ne pas dire mal élevés. Cela tient à ce qu'ils sont très peu surveillés et qu'on leur permet toutes leurs volontés.

Dans les palace-cars, les enfants s'amusent toute la journée à jouer et à courir ; ils ne se gênent nullement avec vous, touchent à tout et bouleversent tout. Pendant ce temps, les mamans dorment, lisent ou travaillent.

Parti de San-Francisco, le 26 septembre, à huit heures du matin (*il était alors à Paris cinq heures du soir*), j'arrivais, quarante-huit heures après, à Ogden. Je n'ai que peu de chose à dire sur cette route déjà parcourue, d'autant plus qu'au retour nous avons passé de nuit à peu près aux mêmes endroits qu'à l'aller. Je me bornerai à signaler l'admirable vue du désert et de la partie nord du lac Salé : l'immense nappe, d'un bleu foncé, resplendit sous les rayons du soleil levant et parait sans borne comme la mer du côté du midi. La chaîne élevée des monts Promontoire sépare le lac en deux bras inégaux. Rien ne saurait dépeindre les merveilleux effets de lumière et les tons éclatants de ce singulier paysage. Ici, c'est le désert, avec ses plages arides de sable jaune ; puis les eaux sombres du lac ; enfin, au dernier plan, une ligne de montagnes roses et violettes aux sommets couronnés de neige.

Une heure avant d'arriver à Ogden, on traverse le gros village de Corinne, heureusement situé au milieu d'une campagne fertile, arrosée par la rivière de l'Ours qui se jette dans le lac à dix kilomètres plus loin. Corinne est le principal centre des Gentils dans l'Utah (*les Mormons appellent Gentils tous ceux qui ne partagent pas leur foi*) et par conséquent un foyer très actif de propagande antimormonne. La ville possède déjà plusieurs églises, des fabriques, des écoles, et promet de s'accroître rapidement lorsque sera terminé le chemin de fer qui doit la relier au territoire de Montana.

Un embranchement se détache de la grande ligne du Pacifique à Ogden, dessert la ville du lac Salé, qui n'en est qu'à 60 kilomètres, et poursuit sa route jusque dans les districts miniers de l'Utah central.

En quittant Ogden, la voie se dirige vers le Grand-Lac, dont elle cotoie à droite les bords marécageux peuplés de troupes innombrables de merles babillards et de grands oiseaux au plumage blanc. A gauche s'étendent jusqu'au pied des montagnes de riches campagnes bien cultivées, parsemées de fermes et de jolies habitations reliées entre elles par des chemins bien entretenus.

Grâce à la chaleur et à la fertilité d'un sol soigneusement irrigué, toutes sortes de variétés de courges et de melons croissent librement en plein champ et y atteignent des proportions considérables.

Malheureusement, une nuée de grosses sauterelles vient de s'abattre sur la contrée ; elles sont par instants si nombreuses que l'air en est obscurci ; elles envahissent tout et pénètrent par centaines jusque dans l'intérieur des wagons. Aux approches de la ville, nous passons devant une source abondante d'eau bouillante ; en même temps j'aperçois, au-dessus d'un horizon de jardins et de vergers, l'étrange coupole du fameux temple des Mormons. Bientôt après, le train s'arrête : nous sommes à Salt-Lake-City. Je prends le car, qui, après une longue promenade à travers de larges avenues bordées de jardins, me dépose au centre du quartier des affaires, en face de White-House (maison Blanche), hôtel tenu par un Allemand.

Je n'ai pas la prétention de connaître et d'expliquer les

causes du Mormonisme et encore moins de juger les Mormons. Je ne parlerai donc pas de leur religion, de son origine et de ses destinées probables ; assez de livres ont été publiés sur ce chapitre. Ici comme ailleurs, je ne m'occuperai que du côté physique des choses. Je dirai ce que j'ai vu et ce que chaque touriste peut voir comme moi : c'est la photographie de mon voyage que j'ai l'intention d'écrire et rien de plus.

Salt-Lake-City, en français : la Ville du Lac Salé, s'élève en amphithéâtre au pied des monts Wahsatch, à peu de distance des rives du Jourdain, qui se jette à dix kilomètres plus loin dans le Grand-Lac. Ses rues, larges de quarante mètres, sont plantées d'une double rangée d'arbres. Ce sont ordinairement des saules pleureurs, des peupliers, des acacias. De chaque côté court un ruisseau d'eau limpide ; sous l'influence de la chaleur et de l'humidité, ces arbres, dont le plus vieux n'a pas trente ans, ont pris un développement considérable. Les maisons, élégamment construites en bois, sont séparées de la rue par de jolis jardins bien entretenus, de plantureux vergers. Quelques-unes disparaissent sous d'épais massifs de plantes grimpantes ; souvent aussi, l'habitation du propriétaire se cache à tous les regards au centre d'un bois épais d'abricotiers et de pêchers couverts de fruits.

Le quartier des affaires ressemble aux autres villes du Far-West. La principale artère qui le traverse, Main-Street, est bordée d'hôtels, de brasseries, de belles boutiques, de larges magasins, parmi lesquels on remarque l'entrepôt de la Société coopérative, long de cent mètres, haut de trois étages, avec ascenseur à vapeur. De chaque côté de la rue règnent de larges trottoirs en bois ornés de bancs en forme d'escaliers et abrités par une galerie. La circulation y est très active, et on y rencontre souvent des groupes d'Indiens, au costume pittoresque, contemplant gravement les merveilles de la civilisation.

Partout des enseignes colossales attirent les regards ; celles des Mormons portent en vedette l'image d'un œil entouré d'une auréole de rayons. La population de la capitale Mormonne s'élève à 30,000 habitants, sur lesquels on compte environ 5,000 Gentils.

Ma première visite fut naturellement pour le Tabernacle. Au milieu d'un terrain nu, clos par de hautes murailles, s'élève un vaste bâtiment de bois, de forme ovale, à l'aspect lourd et disgracieux, surmonté d'une coupole basse assez semblable à une carapace de tortue. L'intérieur est complétement garni de bancs ; à une extrémité se trouve un jeu d'orgues ; au-dessous une estrade où sont placés le fauteuil du prophète Brigham Young et les sièges des évêques et des saints. Tout autour, à la hauteur d'un premier étage, règne une galerie réservée aux femmes. Les murailles sont nues et froides, mais reluisantes de propreté : du reste, aucun emblème religieux, aucun autre ornement que des guirlandes de feuillage suspendues aux piliers. Le gardien qui m'accompagne me dit que 12,000 personnes peuvent se tenir assises dans l'unique salle de cet étrange édifice.

Tout près de là, dans le même enclos, on a commencé à bâtir, en style gothique, un nouveau temple qui sera de proportions considérables et tout en granit. De nombreux ouvriers sont occupés à tailler des blocs énormes ; mais les travaux avancent lentement. Bien qu'entreprise depuis une dizaine d'années, la nouvelle construction ne s'élève encore qu'à quelques mètres au-dessus du sol.

En face de l'enclos sacré, et cachée derrière de hautes

et épaisses murailles, semblables à des fortifications, s'étend la résidence privée de Brigham Young. Autant que j'ai pu m'en rendre compte, elle se compose de plusieurs maisons où sont logées séparément les dix-neuf femmes du prophète avec leurs enfants. Une porte monumentale surmontée d'un aigle colossal en bois sculpté, aux ailes étendues, donne accès à une vaste cour au fond de laquelle se trouvent des magasins et des bâtiments d'exploitation. Vis-à-vis s'élève une riche construction, à peine terminée, appartenant à la dernière épouse de Brigham Young, la favorite Amélia. C'est un véritable petit château, d'un style élégant, magnifiquement orné de superbes glaces et que l'on connaît dans le pays sous le nom de Palais Amélia.

J'eus la bonne fortune de voir le célèbre prophète au moment où il sortait de chez lui. Appuyé sur le bras d'un de ses saints, il traversa le trottoir à deux pas de moi, pour gagner sa voiture.

Brigham Young est un beau vieillard de soixante-quinze ans, d'une taille au-dessus de la moyenne; il a engraissé, dit-on, depuis ces dernières années, mais il se tient encore très droit et paraît plus jeune que son âge. Sa longue barbe blanche est taillée en collier à la mode américaine. Ses yeux vifs, son teint frais et coloré, sont l'indice d'une parfaite santé. J'avais cru devoir, en ma qualité d'étranger, me découvrir sur son passage; il s'empressa de me rendre mon salut par un signe de la main, selon l'usage du pays. Un Américain n'ôte jamais son chapeau que dans la compagnie des dames.

Dans une rue voisine se trouve le musée, petit, il est vrai, mais intéressant à visiter. Il renferme une curieuse collection de minéraux et de fossiles de l'Utah, une série d'antiquités, d'armes, de poteries, d'ustensiles provenant de fouilles pratiquées dans les ruines d'anciens villages Indiens ; des spécimens de l'industrie moderne, des oiseaux et animaux du pays, etc.

Il y a aussi à Salt-Lake un joli théâtre où une troupe d'artistes Mormons donne des représentations plusieurs fois par semaine.

La plupart des interminables avenues de la cité sont desservies par des tramways ; l'un d'eux me conduisit à une source sulfureuse située à quelque distance de la ville ; on y a bâti un établissement de bains confortable et très fréquenté. L'eau tiède jaillit du sol en abondance ; elle est reçue dans de vastes piscines où l'on peut se livrer au plaisir de la natation ; on y trouve aussi des baignoires particulières, des bains ordinaires, des bains russes à air chaud et des bains turcs.

Je revins lentement à pied à l'hôtel en prenant une autre direction. Les jardins et les vergers de la ville couvrent un espace immense. Je me rappellerai toujours cette délicieuse promenade à l'ombre des beaux arbres, le long des allées désertes qu'égayaient seuls le murmure de l'eau courante et le babil incessant des merles peu farouches qui se pourchassaient sous la feuillée ; le soleil était à son déclin ; les pics des Wahsatch se dressant à 5,000 mètres au-dessus du niveau de la mer étincelaient encore sous ses derniers rayons. Bientôt une teinte bleu-sombre envahit la base de la montagne, tandis que les cimes neigeuses se coloraient en rose tendre ; à l'autre extrémité de l'horizon, le soleil, semblable à un immense globe de feu, disparaissait lentement par-de-là le Grand Lac Salé. Sous cette lueur éblouissante, la nature entière semblait en proie à l'incendie.

En résumé, Salt-Lake est l'une des villes les plus agréables des États-Unis ; sous beaucoup de rapports, elle ne le cède en rien à d'autres cités bien plus populeuses. Le soir, les élégants étalages brillamment éclairés au gaz, attirent une foule de promeneurs ; de joyeuses troupes d'enfants, plus nombreux ici que partout ailleurs, prennent leurs ébats sur les larges trottoirs. Quoique l'on puisse dire des Mormons, un fait incontestable existe : c'est qu'en moins de trente années, ils ont su créer un centre actif de commerce et de civilisation, édifier des bourgades prospères et des milliers de fermes en plein rapport dans un désert sauvage qui, jusqu'alors, n'avait été peuplé que de bêtes fauves et de serpents à sonnettes.

Malgré cette prospérité apparente, je dois dire cependant que, depuis l'achèvement du chemin de fer du Pacifique, qui a amené dans l'Utah une foule de Gentils, le Mormonisme ne fait plus que de rares prosélytes ; leur nombre ne s'accroit plus que par l'excédant des naissances. La polygamie elle-même tend à disparaître ; beaucoup de Mormons se bornent à une seule femme. Autrefois, les émigrants, recrutés en grande partie dans les pays Scandinaves et appartenant à la classe la plus pauvre et la plus ignorante de la population, étaient obligés de se convertir au Mormonisme pour obtenir une protection qui leur était indispensable. Plus leur nouveau zèle était ardent, plus les avances étaient nombreuses, plus les secours donnés étaient efficaces. La communauté ne souffrait alors aucun Gentil dans son sein. Les trois ou quatre épouses du chef de famille étaient plutôt ses servantes que ses égales.

Le jour où la première femme américaine est arrivée à

Salt-Lake avec une fraîche toilette de New-York, les épouses Mormonnes ont voulu, elles aussi, sacrifier à la mode ; aujourd'hui, rien ne les distingue des femmes des Gentils : même recherche dans la mise, même amour du luxe. De là, un surcroît considérable de dépenses, qui, plus sûrement que toutes les prédications, sera le coup mortel porté à la polygamie : le Mormon de la génération actuelle est monogame par économie.

VII.

SAINT-LOUIS. — CINCINNATI. — WAHSINGTON. — BALTIMORE.

Dans la matinée du 29 septembre, je quittai Salt-Lake-City pour continuer mon voyage vers l'Est. En route, j'appris que le chemin de fer direct de Denver à Saint-Louis, par le Kansas, traversait de vastes plaines semblables à celles du Nebraska. Ce renseignement me fit renoncer à mon projet de retour par le Colorado, et, de Cheyenne, je poursuivis mon voyage directement jusqu'à Omaha, où j'arrivais le 1ᵉʳ octobre, à quatre heures du soir. Depuis mon premier passage à travers les prairies, la température s'était considérablement abaissée; jour et nuit les poêles étaient allumés dans les wagons. Au matin la terre était gelée et de longues stalactites de glace ornaient les fontaines de chaque station.

Nous traversons de nouveau le Missouri, dont les eaux couleur de café au lait se roulent en tourbillons fangeux. A Council-Bluff, arrêt d'une demi-heure, grandes manœuvres, puis, à travers l'immense plaine éclairée par les derniers rayons du soleil couchant, trois trains partent simultanément, deux pour Chicago, le troisième pour Saint-Louis; pendant quelque temps, suivant une ligne parallèle, nous luttons de vitesse; mais bientôt la nuit arrive et nous poursuivons notre route, seuls, dans l'interminable prairie que borde la rive gauche du fleuve. Tout à coup, le train s'arrête en plein désert; le frottement d'un essieu mal graissé a déterminé un commencement d'incendie dans la charpente d'un wagon : quelques seaux d'eau puisés à un marais voisin suffirent à l'éteindre; c'était un mauvais début, mais je n'étais pas, hélas ! au bout de mes peines. Toute la nuit, nous fûmes atrocement secoués; à chaque instant, des chocs violents et saccadés me faisaient craindre un déraillement; j'étais obligé de me cramponner énergiquement pour ne pas être précipité de mon lit, qui, par malheur, se trouvait être un « upper » (lit de dessus). Toutefois, j'ajouterai que mes compagnons de route me semblaient peu se préoccuper de ces petites misères de voyage.

Le jour venu, je me hâtai d'abandonner le sleeping-car, qui, mal fixé à l'arrière du train par une chaine trop longue, continuait ses soubresauts insensés; je trouvai à l'avant un compartiment plus stable.

Nous sommes dans l'État de Missouri : nous suivons encore, mais sans l'apercevoir, la rive gauche du fleuve. C'est toujours la prairie; mais une prairie peuplée, semée d'habitations et de champs entourés de clôtures; grand mouvement de voyageurs aux stations, très rapprochées les unes des autres; le train marche vite, mais s'arrête souvent; il ne perd pas de temps : vingt secondes d'arrêt, et le voilà reparti; il est aussi vite lancé à toute vapeur que promptement arrêté.

Le sol devient rocheux, se couvre de forêts et s'ondule

en collines, aux abords du Missouri, que l'on traverse à Saint-Charles, sur un pont comme on n'en voit qu'en Amérique : deux cents lieues de parcours, depuis Omaha, ont élargi le lit de l'immense rivière, qui, à quelques kilomètres plus loin, réunit ses eaux à celles du Mississipi.

Bientôt après, nous franchissons un coin du Forest-Park, puis un long faubourg de hautes maisons de briques, et d'usines dont les innombrables cheminées vomissent des torrents d'une fumée noire et épaisse; l'on s'arrête à Union Depot, au cœur de la cité (pour indiquer une gare de chemin de fer, l'Américain a adopté le mot français dépôt, que l'on prononce *dipott*). L'Union Depot de Saint-Louis offre une disposition remarquable et de nature à faciliter la rapidité des communications. Toutes les compagnies de chemin de fer qui aboutissent à Saint-Louis, au nombre de dix environ, se sont donné rendez-vous dans cette gare monumentale; elles y occupent des voies parallèles qui la traversent de part en part : sur un poteau indicateur, on lit le nom de la compagnie et la destination du train en partance. Cette mention, répétée sur les voitures du train, est fort utile au voyageur, qui, en Amérique, doit, avant tout, compter sur lui-même. Au milieu de la foule circulant partout sans billet et sans contrôle, des trains qui arrivent et partent à chaque instant sans avertissement, au risque de vous écraser vingt fois, comment reconnaître les employés, qu'aucun costume particulier ne signale à votre attention? Du reste, ils sont peu nombreux, et, si vous avez la chance d'en rencontrer un, il est toujours affairé, préoccupé de son service, et n'a pas le temps de répondre à vos questions.

Saint-Louis est une grande ville de 500,000 habitants;

c'est le quartier-général des Allemands dans l'Ouest. Comme dans toutes les villes américaines, les rues se coupent à angle droit; ses hautes maisons, moins ornées que celles de Chicago, paraissent froides et tristes; de grands hôtels, quelques églises et peu de monuments remarquables; les quartiers en pente qui avoisinent le fleuve sont laids, boueux et malpropres; les quais du Mississipi, sales et mal pavés, mais il y règne une activité incessante; toute une population de portefaix nègres y est employée au chargement et au déchargement des blancs steamers qui bordent le rivage. Quelques-uns de ces bateaux sont de proportions colossales; leur triple étage, orné d'élégantes galeries, est soutenu par une forêt de colonnes.

Un travail véritablement merveilleux, c'est le pont suspendu qui traverse le Mississipi, large, devant Saint-Louis, d'environ six cent cinquante mètres. Deux énormes piliers s'élèvent du sein du fleuve et soutiennent, à une hauteur de cent cinquante pieds, une double voie constamment sillonnée par les trains du chemin de fer. Au-dessus, circule une route, large de vingt mètres, avec tramways et trottoirs; au centre on a ménagé deux plate-formes semi-circulaires, d'où le regard embrasse l'immense ville étagée sur la rive droite, et domine, d'une hauteur effrayante, la multitude des navires de toutes formes et de toutes dimensions qui se pressent sur ses eaux profondes.

Quelques heures plus tard, au sortir d'un long tunnel percé sous la ville, le train qui m'emportait vers l'Est s'engageait lentement sur ce même pont; au même instant, un autre train venait en sens inverse. A la brillante clarté de la lune, je distinguais parfaitement tout le

paysage environnant; je voyais couler sous mes pieds, à
une immense profondeur, les eaux jaunâtres du Mississipi; il me semblait que nous étions suspendus à quelque
gigantesque toile d'araignée. Nous fûmes longtemps avant
d'atteindre la terre ferme : le pont se prolonge bien au-
delà du fleuve, traverse successivement des marais et des
prairies; puis la voie se divise et chaque train s'éloigne
dans une direction différente. Pendant de longues heures,
accoudé sur la plate-forme, je vis se dérouler sous les
rayons de la lune les vertes campagnes de l'Illinois; ce
ne fut que bien avant dans la nuit que, chassé par le
froid, je me décidai à reprendre une place à l'intérieur
du car, où ronflait un poêle chauffé à blanc.

Dans la nuit, il est monté beaucoup de monde à Vincennes, et ce matin nous sommes plus qu'au complet;
en Amérique, c'est un détail dont on s'occupe fort peu;
on ne prend pas le temps d'ajouter des wagons supplémentaires, et chaque nouvel arrivant se case où il peut :
les hommes cèdent leurs siéges aux dames et restent
debout; l'usage le veut ainsi et personne ne s'en plaint.
Qu'importe le plus ou moins de bien-être? Pourvu que l'on
arrive, c'est là le point essentiel ; tout le reste est indifférent.

Le jour nous prend à vingt lieues de Cincinnati; nous
venons de traverser l'État d'Indiana ; nous sommes maintenant dans l'Ohio. Le pays est accidenté, les forêts
alternent avec les pâturages et les champs de maïs; nous
côtoyons les rives pittoresques de l'Ohio, couvertes de
maisons, de vignes et de jardins. A l'heure réglementaire,
7 heures 30 minutes, nous arrivons au « dépôt » de Cincinnati.

La ville, construite en briques et en pierres blanches,

me parut infiniment plus gaie et plus agréable que Saint-Louis ; heureusement située sur la rive droite de l'Ohio, elle a pour limites, au nord, une ceinture de riantes collines, couronnées de villas, et au sud six kilomètres de quais sur la rivière; les beaux arbres de ses avenues invitent à la promenade. Parmi les nombreuses églises aux clochers élégants, on remarque, en première ligne, la cathédrale catholique, qui passe pour un des plus beaux monuments de l'Union. Un grand nombre de jolis édifices, quelques belles places décorés de statues, contribuent à l'ornement de la cité. En un mot, Cincinnati ne me parut pas indigne du surnom de reine de l'Ouest, qu'elle doit à sa belle situation, à ses richesses, à son commerce étendu et au charme de ses environs.

On m'avait beaucoup vanté le jardin zoologique; pour m'y rendre, je suivis un long faubourg, véritable succursale de l'Allemagne. A voir le nombre des débits de bière aux enseignes gothiques, et les noms allemands qui s'étalent sur toutes les boutiques, on se croirait au-delà du Rhin et non sur les bords de l'Ohio. C'est qu'en effet une notable partie des 300,000 habitants de Cincinnati est d'origine germanique. Le chemin aboutit au pied d'une colline escarpée, que l'on franchit en quelques minutes au moyen d'un car hissé par une machine fixe; bien que circulant sur un plan incliné de plus de trente degrés, la voiture, grâce à un système ingénieux, reste toujours horizontale; on dirait une ascension en ballon captif. Au point culminant se trouve la grande brasserie de Bellevue, avec salle de concert et tour d'observation. De la galerie supérieure, on découvre un admirable panorama sur les collines voisines, la riche vallée de Cincinnati, l'immense ville et ses innombrables fabriques.

Plus loin, dans le Kentucky, on distingue les villes populeuses de Covington et de Newport, qui se développent sur la rive opposée de l'Ohio.

Le jardin zoologique est situé à trois kilomètres de là, en pleine campagne. Il est parfaitement installé dans un vaste parc naturellement accidenté. Tout y est large et grand, admirablement disposé pour les animaux; ce jardin est à peine terminé et n'est pas encore très riche : toutefois j'y ai remarqué une belle série d'ours gris, noirs et blancs.

De retour à Cincinnati, j'en ai parcouru les rues principales; partout le même aspect gai, propre et animé.

Au risque de me répéter, je ne passerai pas sous silence le pont suspendu qui traverse l'Ohio, d'une seule portée longue de quatre cents mètres; les énormes piliers sur lesquels il s'appuie ont dix-sept mètres d'épaisseur; les plus gros bateaux à vapeur passent au-dessous avec leurs tours élevées et leurs hautes cheminées. Comme à Saint-Louis, une ligne serrée de steamers uniformément peints en blanc s'étend à perte de vue le long des quais doucement inclinés. Quelques-uns sont à deux roues; mais la plupart n'en ont qu'une seule placée à l'arrière et de proportions colossales. La reine de l'Ouest porte aussi le surnom moins poétique de *Porcopolis* (cité des Porcs); elle le doit à ses abattoirs perfectionnés où, journellement, des milliers de porcs sont convertis en barils de viande salée.

Dans la soirée du même jour, je prenais, à la gare, le train qui devait me conduire à Washington, distant de neuf cent vingt-cinq kilomètres. La salle d'attente était depuis longtemps encombrée par une foule de gentlemen installés dans de larges fauteuils, tous fumant ou chiquant silencieusement autour d'un grand poêle chauffé à blanc.

Le lendemain matin, à Parkesbourg, nous franchissons l'Ohio, qui, bien que plus rapproché de sa source, me parut encore plus large qu'à Cincinnati. Nous entrons dans l'immense forêt qui couvre presque tout le territoire de la Virginie occidentale. Dans la journée, on traverse les Alleghanys ou Montagnes bleues, dernière chaîne qui nous sépare du versant de l'Atlantique. Le paysage, toujours joli, devient parfois grandiose ; la voie, très inclinée, s'engage sur d'étroites corniches surplombant d'affreux précipices ; elle contourne rapidement les pentes de la montagne, se déroule, toujours à ciel ouvert, en innombrables circuits et pénètre dans les sombres profondeurs de l'éternelle forêt que l'automne a déjà revêtue de ses teintes multicolores. Les sorbiers, les acacias, les chênes et les érables se mêlent aux rhododendrons, aux magnolias et à une foule d'autres arbres dont l'essence m'est inconnue ; la vigne vierge, la clématite, mille espèces de lianes croissent partout et font disparaître, sous un inextricable réseau de verdure, les troncs blanchis des géants morts de vieillesse. Vers le soir, nous quittons les montagnes et la forêt ; nous côtoyons, à travers de riches cultures, les bords du Potomac, sur la limite de l'État de Maryland ; la nuit était arrivée lorsque nous passâmes à Harper's ferry, petite ville célèbre par son arsenal et par la tentative abolitionniste que John Brown paya de sa vie, en 1859. Deux heures après, nous étions à Washington, et pour la première fois, depuis mon départ de Salt-Lake-City, je passais la nuit dans une chambre d'hôtel.

Pour venir de San-Francisco ici, j'avais franchi 5,440 kilomètres en neuf jours, et trouvé le temps de visiter trois villes importantes sur ma route.

Washington est le siége du gouvernement national et le chef-lieu du district de Colombia, qui forme une enclave peu étendue dans le territoire du Maryland, sur la rive gauche du Potomac. Ses habitants, soumis à un régime exceptionnel, ne participent pas aux élections générales. Le plan de la capitale des États-Unis a été tracé, en 1791, de la manière la plus grandiose. Mais, malgré son heureuse situation, la ville s'est peuplée lentement et n'est restée qu'un centre administratif sans importance commerciale. Aujourd'hui, elle n'a encore que 150,000 habitants disséminés sur une surface immense. Les avenues, trop larges, bordées par de rares maisons séparées par des terrains vagues, semblent désertes. Toute la vie de la cité s'est concentrée autour des bâtiments publics, fort éloignés les uns des autres; aussi a-t-on donné à Washington le nom de « cité des distances. » Sur une éminence, au centre de la ville, s'élève le Capitole, magnifique monument tout en fer et briques, uniformément peint en blanc, ce qui, à certaine distance, lui donne l'aspect du marbre : trois cent quatre-vingts marches conduisent à la coupole, qui s'élève à cent trente mètres au-dessus du sol. Une série de peintures historiques décorent la rotonde. A droite et à gauche du Capitole, et semblables à deux temples grecs, s'élèvent la Chambre des représentants et le Sénat, construits sur un plan identique, tout en marbre blanc, décorés de belles sculptures et ornés de remarquables portes en bronze. Ainsi complété, le Capitole présente un aspect véritablement imposant : sa masse blanche, isolée au milieu d'un immense square orné de pelouses et de statues, domine toute la ville et forme le centre où convergent ses douze principales avenues. A l'extrémité opposée de l'avenue de

Pensylvanie se trouve la *Trésorerie*, superbe édifice en granit et marbre blanc. Près de là, au milieu d'un parc planté de grands arbres, s'élève la Maison Blanche, résidence du Président de la république : c'est une maison fort simple, peinte en blanc, et dont l'unique étage est couronné d'une corniche surmontée d'une balustrade. Là, comme au Capitole, comme partout ailleurs, aucune permission n'est exigée ; l'entrée est libre à tout venant, américain ou étranger ; pas un soldat à la porte, pas d'autre gardien qu'un nègre, assez mal mis, qui introduit les visiteurs dans les salons publics et les appartements privés, décorés, du reste, avec beaucoup de simplicité.

Le square Lafayette, que je traversai pour me rendre au musée Corcoran, est digne d'être cité; ses beaux arbres, ses massifs de fleurs et ses vertes pelouses en font un lieu de promenade très fréquenté ; on y a installé une colonie de *chiens de prairie*, dont les joyeux ébats ont le privilége d'attirer la foule. Au centre s'élève la statue du général Jackson.

Le musée Corcoran porte le nom de son fondateur, qui en a fait hommage à sa ville natale. J'y ai remarqué une collection de cent seize bronzes de notre regretté Barye, l'*Esclave grecque*, chef-d'œuvre du sculpteur américain Powers, et, parmi les tableaux, le *Régiment qui passe*, de Detaille, que tout le monde a pu admirer au Salon de 1875.

En face de la Maison Blanche, sur les bords du Potomac, large en cet endroit de trois kilomètres, se dresse, dans un terrain vague, l'obélisque inachevé dédié à la mémoire de Washington : d'après le projet primitif, ce monument colossal devait s'élever à six cents pieds dans les airs ; mais il est douteux que ce plan soit jamais exécuté : faute d'argent, les travaux ont dû être arrêtés à la hauteur de cent soixante-dix pieds.

Le jardin botanique et les serres du muséum d'agriculture méritent d'être visités; mais je dois ranger en première ligne les riches collections de l'Institut Smithsonien, créé, selon le vœu exprimé par le legs de James Smithson, pour accroître et propager les connaissances scientifiques parmi les hommes. Cet établissement, en partie détruit par un incendie, en 1865, a été reconstruit à l'épreuve du feu et a coûté des sommes considérables; son architecture est un mélange bizarre de tous les ordres et de tous les styles, assemblage discordant peu fait pour flatter l'œil d'un architecte européen, mais cependant fort à la mode en ce pays; si l'extérieur laisse à désirer sous le rapport du goût, l'aménagement intérieur paraît fort bien compris. Au rez-de-chaussée, de vastes salles renferment les collections d'histoire naturelle et de zoologie; au premier étage se trouve le musée ethnographique avec une série très complète d'armes, d'ustensiles, de vêtements et de parures indiennes anciennes et modernes. A chaque objet est jointe une notice explicative.

Rien ne me retenait plus à Washington; j'avais consacré toute une journée à la visite de ses monuments, de ses jardins et de ses musées. Depuis mon départ, je n'avais encore reçu aucune lettre de France, j'espérais en trouver à Philadelphie; aussi avais-je hâte de poursuivre mon voyage. Dans la soirée, je me mis de nouveau en route. Deux heures après, j'arrivais à Baltimore.

La capitale de l'État de Maryland renferme 300,000 habitants. Elle est bâtie en amphithéâtre sur les bords de la rivière Patapsco, qui se jette, à quelques milles plus loin, dans la large baie de Chesapeake. Les quartiers neufs de la ville haute ne se distinguent en rien des autres villes américaines ; mais, le long des bassins du port et aux environs des quais, des rues étroites, des ruelles sombres et boueuses attestent l'origine relativement ancienne de cette partie de la ville : on se croirait assez volontiers dans un de nos ports de mer européens. Baltimore est une ville du Sud ; comme à Washington, la population noire y est fort nombreuse. Une colonne monumentale surmontée d'une statue colossale de Washington, un superbe hôtel de ville tout en marbre blanc, construction à peine terminée et qui aura coûté trois millions de dollars, tels sont ses édifices les plus remarquables. Comme je viens de le dire, certaines rues y sont fort étroites, tortueuses même parfois, et la circulation des trains de chemin de fer y rencontrerait de sérieux obstacles. On a remédié à cet inconvénient par le procédé suivant : à l'arrivée en gare du train de Washington, la locomotive est détachée et tous les wagons séparés ; puis on attèle sept mulets en file à chaque wagon, et le convoi entier continue sa route au petit trot à travers les rues de Baltimore. Nous défilons en cet étrange équipage tout le long des quais, et, après une promenade de deux kilomètres dans la ville basse, le train est reconstitué, rattaché à la suite d'un autre train déjà formé, et repart aussitôt pour Philadelphie. Ces diverses opérations se font avec une rapidité et une précision étonnantes ; pas une minute n'est perdue.

Au sortir de Baltimore, la voie ferrée côtoie les rivages profondément découpés de la baie de Chesapeake ; deux ou trois fois, au lieu de contourner les criques du rivage, elle se lance hardiment en droite ligne sur de longues jetées de pilotis battues par les flots. Au Hâvre-de-Grâce, on traverse l'embouchure de la Susquehannah, large d'au moins trois kilomètres, sur un pont qui est bien l'un des ouvrages les plus merveilleux que j'aie jamais vus. Toute cette partie de la route est très pittoresque, surtout aux abords de la rivière Susquehannah, dont les eaux limpides s'écoulent paisiblement entre deux hautes chaînes de vertes collines.

Wilmington, dont nous traversons ensuite les rues populeuses, est la plus importante cité du Delaware; elle communique, par un canal, avec la baie de Chesapeake et l'Océan, et doit sa prospérité à ses moulins et à ses chantiers de construction navale. De Wilmington à Philadelphie nous suivons le cours du Delaware. Le fleuve, semblable à un bras de mer, est sillonné par de nombreux navires et coule à pleins bords à travers de gras pâturages.

―

VIII.

PHILADELPHIE. — LA VILLE. — L'EXPOSITION. LE PARC FAIRMOUTH.

Philadelphie est une immense cité manufacturière située dans une presqu'île, au confluent de la rivière Schuylkill et du fleuve Delaware.

Au commencement du siècle, sa population était de soixante-dix mille âmes. Aujourd'hui un million d'habitants sont logés dans ses cent cinquante mille maisons. C'est la ville la plus régulière du monde entier. Sa principale rue, Broad street, a seize kilomètres de longueur; elle est exactement orientée du nord au sud, et traversée de l'est à l'ouest, à sa partie centrale, par une autre rue, Market street, longue de douze kilomètres.

Sur le magnifique emplacement formé par l'intersection de ces deux grandes artères, au cœur de la cité, on bâtit aujourd'hui, sur un plan grandiose, un nouvel hôtel de ville tout en marbre blanc et qui coûtera, dit-on, quarante millions de dollars.

Toutes les rues de la ville, séparées par des intervalles égaux, sont parallèles ou perpendiculaires à Broad ou à Market. Celles qui sont parallèles à Broad, sont désignées seulement par des numéros d'ordre. Un système particulier et très ingénieux a été adopté pour le numérotage des maisons ; de façon qu'au simple énoncé de la rue et du numéro, vous connaissez exactement la situation de la maison, le chemin le plus court pour s'y rendre, et même la distance à parcourir. Il n'y a généralement qu'une seule voie ferrée par rue. Les cars roulent dans le même sens et reviennent à leur point de départ en suivant la rue parallèle. Le public profite largement des rails ; la plupart des voitures particulières ont la même voie et circulent incessamment sur les tramways, en file serrée, mais toujours dans la même direction.

La ville est généralement bien pavée et d'une propreté remarquable. Certaines rues sont entièrement composées de maisons dont le rez-de-chaussée est en marbre blanc et les étages supérieurs en briques. Les façades sont lavées au moins une fois par semaine.

Chesnut est la grande voie commerçante de Philadelphie ; elle est bordée de somptueux magasins, de riches boutiques aux brillants étalages, qui ne le cèdent en rien à ceux de Paris ou de Londres. Walnut est le quartier du haut commerce et des banques. Chaque maison semble rivaliser avec sa voisine par le luxe de sa façade et la richesse des matériaux employés; ce ne sont que portiques grecs, balcons gothiques, colonnades byzantines, hindoues ou mauresques. Une foule nombreuse circule tout le jour et même fort avant dans la nuit, dans ces deux rues, dont l'aspect varié et la vive animation forment un contraste frappant avec la solitude et la monotonie des quartiers excentriques.

Il est vrai que l'Exposition du Centennial entre pour quelque chose dans tout ce mouvement. Les fenêtres sont pavoisées de drapeaux; de longues oriflammes surmontent les maisons, des banderoles aux couleurs éclatantes, mêlées à de gigantesques affiches, flottent suspendues dans les airs au beau milieu de la rue; d'innombrables fils télégraphiques s'entrecroisent dans toutes les directions.

Les principaux hôtels du quartier central, parmi lesquels je citerai le Continental et l'hôtel Colonnade, regorgent de voyageurs; pavoisés du haut en bas, brillamment illuminés dans la soirée, ils contribuent largement à l'ornement de la cité; le soir surtout ils offrent un aspect féerique.

Du reste, grâce au système de clôture généralement en usage, les rues sont toujours parfaitement éclairées la nuit : on ne ferme pas les magasins avec des volets, comme en France. Un simple cadenas à la porte, quelquefois un léger grillage en fil de fer et c'est tout. A toute heure de la nuit, on peut voir, à travers les glaces de la devanture, le gaz allumé dans l'intérieur des magasins; de la sorte, la surveillance est rendue plus facile aux policemen de service dans la rue. Jusqu'à une heure fort avancée la foule se presse dans les jeux de boule et de *huffle-boards*, les tirs, les débits de bière et les nombreux *oysters saloons in every style.* Dans ces derniers établissements, on ne sert que des huîtres, au naturel, frites, bouillies, en soupe et même en pâté. On en consomme en Amérique une grande quantité. Elles sont plus grosses que celles d'Europe, mais aussi plus fades. On les sert habituellement cuites et nageant dans un bol de lait largement saupoudré de poivre. Si vous les demandez crues, on ne vous les apportera jamais avec la coquille, mais entassées dans une petite soucoupe que l'on arrose copieusement de vinaigre aromatisé. Citons aussi les débits de tabac, tout grands ouverts, avec la statue d'un Indien ou d'un gentleman grotesque en vedette sur le trottoir.

Bien que Philadelphie soit à plus de cent vingt kilomètres de l'Océan, les plus gros vaisseaux remontent facilement le Delaware et viennent mouiller directement le long des quais. Le fleuve, alors large de douze cents mètres, est incessamment parcouru par des vapeurs et des voiliers venus de tous les points du globe. A chaque instant de gros *ferries* partent dans toutes les directions et desservent la cité populeuse et manufacturière de Camden, qui s'étend le long de la rive opposée. Au milieu des eaux émergent deux îles verdoyantes; à l'horizon toute une forêt de mâts se perd dans la brume.

Les innombrables fabriques qui font de Philadelphie la première ville manufacturière des États-Unis et la seconde du monde entier, entretiennent dans son port un mouvement considérable. Aucun sol n'est mieux doué en richesses naturelles que l'État de Pensylvanie dont elle est la capitale. Outre les produits de ses forêts, le pétrole, le fer, et surtout de vastes bassins houillers, offrent à l'activité de ses habitants des ressources inépuisables. Enfin de nombreux chemins de fer mettent la ville en communication avec les principaux centres de l'Union.

C'est le 4 juillet 1776, que fut signé et promulgué à Philadelphie la déclaration d'indépendance des Etats-Unis. Le 3 mars 1871, un acte du Congrès décida qu'en l'honneur du centième anniversaire de cette date mémorable, une exposition universelle serait ouverte, en 1876, à Philadelphie. En 1872, fut voté un crédit de dix millions de dollars. L'année suivante, une proclamation du Président convoqua le peuple américain et les nations étrangères à prendre part à une exposition internationale des beaux-arts, de l'industrie, de l'agriculture et des mines. Les travaux commencèrent aussitôt.

On choisit dans la plus belle partie du parc de Fairmouth un terrain de cent hectares, d'une élévation moyenne de trente mètres au-dessus de la rivière Schuylkill; on l'entoura d'une clôture de cinq kilomètres d'étendue. C'est dans l'intérieur de cette enceinte, percée de treize portes munies de compteurs mécaniques, que l'on a construit cent soixante bâtiments différents, couvrant une superficie de trente hectares et demi. A Vienne, en 1873, l'espace couvert n'était que de vingt hectares, et à Paris, en 1867, seulement de seize et demi.

Nous allons passer en revue, par ordre d'importance, les principales constructions :

En première ligne vient le grand bâtiment de l'Exposition (*Main Exhibition building*) long de six cent vingt-cinq mètres, large de cent cinquante-deux, comprenant trois divisions : les mines et la métallurgie, les produits des manufactures, l'instruction et les sciences.

Puis la galerie des beaux arts, construite à l'épreuve

du feu, en granit, fer et verre, et qui est destinée à survivre à l'exposition, afin d'en perpétuer le souvenir. C'est un monument de cent vingt mètres de long sur soixante-dix de large, parfaitement approprié à sa destination et surmonté d'une élégante coupole.

La halle aux machines, de quatre cent soixante mètres sur cent vingt; au centre se trouve un moteur de la force de quatorze cents chevaux, mettant en mouvement toutes les machines de l'Exposition.

Le bâtiment de l'agriculture, deux cent soixante-quinze mètres sur cent quatre-vingt, renfermant les produits agricoles et forestiers, les substances textiles, végétales ou animales, et toute la série des machines agricoles perfectionnées dont l'usage est si répandu en Amérique.

L'exposition d'horticulture, vaste et belle serre de cent vingt-six mètres de long sur soixante-cinq de large. Neuf fontaines décoratives en ornent la galerie centrale destinée aux végétaux des tropiques. De larges escaliers conduisent à une terrasse qui fait tout le tour de l'édifice. On y jouit d'une belle vue sur l'intérieur et aussi sur l'ensemble de l'exposition. Avec la galerie des beaux-arts, ce bâtiment est le seul qui sera conservé.

Indépendamment de ces cinq principales constructions, il existe une foule d'annexes dont la plus remarquable est :

L'exposition du gouvernement des Etats-Unis, qui couvre une surface de près d'un hectare. Elle renferme des collections d'histoire naturelle, provenant de l'Institut Smithsonien de Washington, des séries de belles photographies recueillies dans les territoires à peine explorés du Far-West, des tableaux statistiques du plus haut intérêt, les registres par Etats de tous les dénombrements de la population depuis 1776. Chaque période décennale exigeant un plus grand nombre de volumes, on peut suivre ainsi d'une manière palpable le développement prodigieux de chaque État. Dans le même bâtiment, à côté des travaux de la paix, le gouvernement a exposé tout le matériel de guerre de ses armées de terre et de mer.

Vingt États, appartenant tous au Nord et à l'Ouest ont élevé autant de pavillons séparés. Dans chacun d'eux se trouvent des salons qui servent de lieu de réunion et de repos aux citoyens du même État. Sur une table, abondamment fournie des journaux du pays, se trouve un registre où chaque visiteur est invité à inscrire son nom. Il est à remarquer que pas un État du Sud n'a suivi cet exemple. Est-ce une protestation contre leurs frères du Nord qu'ils accusent d'avoir abusé de la victoire? ou simplement une conséquence de la situation précaire où languit le pays depuis la guerre de sécession, situation qui s'est encore aggravée depuis ces derniers temps? Quoiqu'il en soit, un fait existe : le Sud s'est abstenu et n'est pas représenté à l'exposition de Philadelphie.

Quelques nations étrangères ont aussi élevé des bâtiments spéciaux à l'usage de leurs concitoyens. On remarque une école suédoise dont tous les matériaux et le mobilier viennent de Suède; et surtout une vaste maison japonaise, curieux spécimen de l'architecture nationale, avec l'aménagement intérieur en usage dans le pays. Elle sert de demeure aux exposants japonais.

Outre les restaurants et les buffets situés à l'intérieur des principaux bâtiments, il y a encore un certain nombre d'établissements de même nature disséminés dans les jardins. Dans le nombre, je citerai le grand restaurant Américain, les Trois Frères Provençaux, le restaurant du Sud, le restaurant Français tenu par Paul Sudreau, le restaurant Allemand, la brasserie Viennoise, le buffet Hongrois, le café Turc, etc.

Une des singularités de l'exposition est le pavillon des femmes. Les dames américaines seules ont fourni par souscription les fonds nécessaires à son érection. C'est une élégante construction consacrée uniquement aux ouvrages exécutés par des femmes ; cette exposition est régie par un comité de dames Philadelphiennes.

La photographie, partout en progrès, occupe, à Philadelphie, une large place dans les expositions de toute nature, dont elle est, pour ainsi dire, le complément indispensable. De plus, deux bâtiments lui sont spécialement réservés : une vaste annexe de la galerie des beaux-arts, et un magasin de vente toujours assiégé par la foule.

Mais il me faut abréger cette énumération déjà bien longue ; je passerai donc sous silence une foule d'autres annexes qui, cependant, ne manquent pas d'intérêt, telles que l'exposition des wagons et des voitures, de l'office Cook, billets de voyage pour le monde entier, les annexes de la presse, de la poste, des télégraphes, etc.

L'ensemble du terrain occupé par l'Exposition, présente la forme d'un triangle équilatéral dont un sommet serait dirigé au nord. Le sol, légèrement ondulé vers la base sud, offre un relief accentué du côté opposé, et forme deux étroites vallées parallèles séparées par un renflement de terrain. Partout l'eau circule en abondance ; tantôt elle s'épanche en lacs paisibles ; tantôt resserrée entre deux rives escarpées, elle se précipite en bruyantes cascades à l'ombre des beaux arbres du parc, dont plusieurs, à en juger par leurs énormes dimensions, doivent être contemporains de l'antique forêt qui couvrait tout le pays avant l'arrivée des Européens. Au milieu des massifs de fleurs et des vertes pelouses se dressent des fontaines monumentales, des pyramides de houille ou de minerai et les divers trophées du travail et de l'industrie.

Pour faciliter les communications dans l'intérieur de l'exposition et éviter les pertes de temps, on a construit un petit chemin de fer à voie étroite qui en fait le tour entier en vingt minutes, et revient à son point de départ après avoir stoppé aux endroits les plus intéressants. Les wagons sont ouverts, et la vue n'est arrêtée par aucun obstacle. Le voyage entier coûte cinq cents ; un train part toutes les trois minutes. C'est une excellente manière de se rendre compte, sans aucune fatigue, de la disposition générale du terrain et la situation particulière de chaque bâtiment. On peut aussi se procurer une bonne vue d'ensemble du haut des tours du bâtiment principal. On y arrive au moyen d'un élévateur, ou bien encore, si on le préfère, en montant un escalier d'où les regards plongent sur l'intérieur de l'édifice.

J'ai entendu souvent répéter en France que l'exposition de Philadelphie n'avait pas réussi, qu'elle avait fait fiasco. C'est là une grave erreur. Au point de vue financier, il est possible qu'elle n'ait pas donné tout ce que l'on en attendait. Mais cela tient à la regrettable résolution prise par les organisateurs de tenir les portes fermées le dimanche. L'entrée était fixée à un demi-dollar. Si l'exposition fut restée ouverte le dimanche, cent mille personnes y seraient entrées en moyenne. Or, trente dimanches auraient produit une recette de plus d'un million et demi de dollars. Les gérants ne doivent donc s'en prendre qu'à eux-mêmes, si, par suite d'un rigorisme outré, leur entreprise se solde en déficit.

J'ai passé quatre journées entières à l'Exposition. Chaque fois la foule des visiteurs était considérable. Aux heures du repas, il était impossible de trouver une place dans les restaurants, et pourtant, Dieu sait s'ils sont nombreux ! Les moindres buffets étaient pris d'assaut ; il fallait faire queue pour se faire délivrer un petit pain et un verre de bière.

Les exposants étrangers se sont plaints amèrement des procédés de la douane à leur égard. Je n'ai pas été à même de vérifier jusqu'à quel point leurs récriminations étaient fondées.

J'ai vivement regretté de ne pouvoir consacrer à cette belle exposition tout le temps qu'elle méritait. Quatre jours ne suffisent pas pour prononcer un jugement absolu ; mais je dois dire cependant que l'impression que j'ai éprouvée a été entièrement favorable ; que, dans son ensemble, comme dans ses détails, l'exposition de Philadelphie m'a vivement intéressé, et, qu'en somme, elle m'a paru tout à fait digne de ses devancières de Paris, Londres et Vienne.

Je me suis attaché spécialement à la section américaine. Les Etats-Unis, si pauvrement représentés à nos expositions européennes, étaient cette fois chez eux ; ils m'ont paru souvent lutter avec nous à armes égales.

L'Angleterre, avec ses colonies, occupait dans le bâtiment principal une superficie de cent cinquante mille pieds carrés. Le Canada, grâce à son voisinage, était largement représenté. On remarquait beaucoup les vitrines qui renfermaient ses riches fourrures et les mille objets de fantaisie fabriqués par les Indiens. L'exposition Australienne présentait le plus vif intérêt. Parmi les photographies, j'ai remarqué un panorama du hâvre de Sydney, long de douze mètres, et de belles vues des geysers de la Nouvelle-Zélande. La province de Queensland a aussi exposé des photographies de terrains destinés à la colonisation, avec indication des prix de vente.

Par ordre d'importance, la France vient immédiatement après la Grande-Bretagne, avec une surface de quarante-quatre mille pieds carrés. Nos émaux et nos faïences artistiques, nos bronzes et nos tissus de soie restent, comme toujours, sans rivaux. A l'entrée de notre exposition se dresse une magnifique glace de Saint-Gobain de six mètres cinquante de hauteur sur trois de largeur.

On admire beaucoup les mosaïques et la bijouterie italiennes, les malachites et l'orfèvrerie russes.

Quant à l'Allemagne, elle ne se fait guère remarquer que par l'énorme canon sorti des ateliers Krupp (1).

L'exposition japonaise a obtenu un véritable succès. Citons en première ligne ses bronzes merveilleux, ses magnifiques vases de trois mètres de hauteur, ses laques et ses émaux cloisonnés, ses curieuses peintures sur soie,

---

(1) Une notice, imprimée en six langues, donne sur ce monstrueux engin de guerre les renseignements suivants, que je transcris textuellement : « Calibre : 14 pouces. — Longueur du canon : 26 pieds 3 pouces. — Poids : 63 tonnes 1/4. — Poids du boulet : 1,160 livres. — Charge de poudre : 280 livres. — Portée : 15 milles anglais ou 24 kilomètres. — Force de pénétration à 2,000 mètres : 24 pouces de fer. »

ses broderies artistiques et ses imitations en relief de fleurs, d'insectes et d'oiseaux.

Le Japon ne s'est pas contenté d'exposer les produits de son industrie, il a aussi envoyé les cahiers d'étude des élèves de l'université impériale de Tokio. J'y ai lu une curieuse protestation contre la suppression projetée de la langue française « faute énorme du triste ministre de l'instruction publique. » Signé : Onyedjuna, 25 juillet 1875. Tous ces élèves, dont quelques-uns n'ont étudié que depuis une année les langues européennes, ont une excellente écriture, et leurs compositions, parfois remarquables, dénotent une connaissance réelle de la langue.

Le bazar japonais installé dans le parc a dû faire de brillantes affaires ; chacun voulait emporter un souvenir de l'industrie japonaise, et les dollars affluaient dans la caisse des heureux marchands. Le terrain environnant avait été disposé en jardin à la mode du pays ; il était planté de petits arbres rabougris et bizarrement contournés. L'art de l'horticulteur au Japon consiste à rapetisser et non à développer la végétation ; on obtient ainsi des variétés naines présentant, malgré leur petitesse, tous les caractères de la vieillesse, jusqu'aux racines noueuses émergeant du sol et à la mousse qui couvre leurs troncs minuscules. Ce singulier paysage est orné de ponts, jetés sur des vallées en miniature, au fond desquelles circule un cours d'eau microscopique. Le tout forme un ensemble sinon beau, du moins étrange par sa bizarrerie.

Dans la galerie des beaux-arts, l'exposition française brillait du plus vif éclat ; je reconnus un grand nombre de tableaux et de sculptures que j'avais déjà vus aux expositions annuelles des Champs-Elysées : le *Portrait de Mlle Croizette*, de Carolus Duran ; *Respha et ses Fils*,

de Becker; *la Mariée alsacienne, Fleur des Champs*, de
A. Moreau ; *le Petit Italien*, de Moreau-Vauthier etc....
Enfin les incomparables tapisseries des Gobelins.

L'Italie expose tout un monde de gracieuses statues en
marbre blanc, une intéressante série de faïences du
seizième siècle, et la magnifique collection de bijoux
antiques appartenant à M. de Castellani.

L'Allemagne a la statue colossale en bronze de Bismark, des bustes de généraux, et des membres de la
famille impériale, et naturellement beaucoup de tableaux
de batailles. Deux redditions de Sedan, auxquelles l'art
est resté tout à fait étranger, attirent mon attention.
L'une représente un général français dans une posture
bassement suppliante, tendant une lettre à l'empereur
Guillaume entouré de son état-major ; les personnages,
raides et compassés, groupés sans aucune perspective,
semblent faire partie d'une galerie de figures de cire.
Une notice nous apprend que l'exposant de ce chef-d'œuvre de la haine prussienne est le comte Harrach, et
que le prix en est de six mille marks. C'est un peu cher
pour une toile bonne tout au plus à orner la baraque
d'un saltimbanque à la foire de Leipsick.

L'Angleterre et la Belgique exposent de bien jolies
choses. Quant aux Etats-Unis, au milieu d'une foule de
tableaux médiocres, de paysages aux tons criards et
outrés, on remarque quelques bonnes toiles. Mais, en
revanche, que de croûtes provenant de l'Amérique du
Sud ! le mieux est de n'en pas parler.

On sait combien l'Amérique est fière de ses pompes perfectionnées et de l'organisation de son corps de pompiers.
L'accumulation sur un même point de tant de matières

inflammables, l'agglomération de tant de constructions légères, inspiraient de sérieuses inquiétudes. Dans ces conditions, le moindre incendie pouvait être la cause de malheurs irréparables ; aussi, les dispositions les plus minutieuses avaient-elles été prises afin de parer à toute éventualité. Ces précautions ne furent pas inutiles ; deux jours de suite, je fus à même d'en juger.

La première fois, le feu se déclara vers cinq heures du soir dans la fabrique de verre, près du Camp des Cadets. En quelques instants, les pompes à vapeur arrivèrent avec leur machine allumée. Les tuyaux se déroulaient mécaniquement au moyen d'un treuil fixé à une voiture lancée au grand trot. Toutes les manœuvres se firent avec une rapidité extraordinaire ; les pompes fonctionnèrent aussitôt ; en peu d'instants, tout danger sérieux avait disparu. Le lendemain, à la même heure, nouvelle alerte ; les mêmes manœuvres se répétèrent avec une égale précision. Mais, cette fois, il ne s'agissait que d'un feu de cheminée au restaurant Lafayette.

Toute une ville nouvelle en bois s'était élevée aux abords de l'Exposition : c'étaient, l'hôtel du Globe, avec mille chambres, le Transcontinental, l'hôtel des États-Unis, le premier avec cinq cents chambres, le second avec trois cents chambres, puis une foule d'hôtels secondaires, de restaurants, de brasseries, de bars, de salons pour concerts, cirques et théâtres de troisième ordre, orgues à vapeurs et phénomènes vivants.

Quelques hôtels à Philadelphie avaient adopté les usages européens (European plan); on y payait tant par jour pour la chambre seulement. Les repas, servis à la carte dans un restaurant dépendant de l'hôtel, se soldaient à part. Le « plan américain » est tout différent ; le voyageur paye par jour un prix fixe et invariable, généralement de quatre à cinq dollars pour les établissements de premier ordre, de deux à trois dollars et quelquefois moins pour ceux de second ordre. Moyennant cette somme, on a droit au logement, à la nourriture et au service. Quatre repas sont servis par jour dans une salle à manger commune ; un maître d'hôtel vous assigne votre place à table et vous remet la liste imprimée des plats du jour. Vous pouvez les demander tous si cela vous plaît ; c'est votre droit, et vous n'avez aucun supplément à payer. Le vin, la bière et les liqueurs se payent à part, du reste l'Américain n'en consomme jamais pendant les repas ; un verre de lait ou d'eau glacée lui suffit.

Dans les brasseries et les bars où il est d'usage de se faire servir une boisson quelconque que l'on consomme à la hâte et sans s'asseoir, il y a toujours à une extrémité du comptoir un énorme jambon, un gros morceau de bœuf froid, des salades, des hors-d'œuvre, des pickles, des fromages, des gâteaux. Pour peu que vous preniez un verre de bière, vous avez le droit de goûter gratuitement à tous ces plats. Vous pouvez même vous tailler une forte tranche de jambon ou de bœuf roti sans que personne y trouve à redire.

L'Exposition était reliée directement par une gare spéciale aux principaux chemins de fer des États-Unis ; de sorte que le voyageur, parti de New-York ou de toute autre ville, pouvait descendre le matin de wagon en face de la principale entrée et retourner chez lui le soir, sans passer par la ville de Philadelphie. A chaque instant de nouveaux trains, engagés sur une voie circulaire, s'arrêtaient devant la station et repartaient ensuite pour une direction indiquée par un large écriteau. De ce côté, le système des communications ne laissait rien à désirer, mais il n'en était pas de même en ce qui concernait la cité.

Le chemin de fer de Market-Street ne partait que toutes les demi-heures ; les bateaux à vapeur s'arrêtaient fort loin du centre de la ville, et les cars, malgré leur nombre, étaient tout-à-fait insuffisants à l'heure de la fermeture des portes. Soixante-dix personnes s'entassaient alors dans un véhicule construit pour vingt-quatre, et l'on s'estimait heureux de pouvoir conquérir un petit coin sur un marchepied. Il m'est arrivé plusieurs fois de faire dans cette position gênante un trajet de six à sept kilomètres, pendant lequel, à moitié étouffé par mes voisins, j'avais encore la préoccupation constante de maintenir mon équilibre. Dans ces circonstances critiques, j'admirais la patience sans borne de la foule américaine ; on se pressait silencieusement les uns contre les autres ; jamais de plaintes, jamais de disputes, pas la moindre récrimination ; quel contraste avec la foule parisienne ! Les sergents de ville eussent été sur les dents ; ici, on ne voyait pas un seul policeman et l'ordre n'était jamais troublé.

La clôture de l'Exposition, le dimanche, me permit de consacrer un jour à la visite de la ville et du parc Fairmouth.

L'Académie des beaux-arts renferme quelques bons tableaux d'anciens maîtres et une collection de vêtements, autographes et souvenirs historiques. Près de là, dans Broadway, on remarque le temple maçonnique, dont l'imposante façade en style gothique anglais est entièrement construite en granit ; à la suite s'élèvent trois ou quatre églises d'architecture et de cultes différents. A l'ancien hôtel-de-ville « Indépendance Hall, » est exposé, à l'occasion du Centenaire, le texte authentique de la déclaration d'Indépendance ; on y montre aussi la cloche qui donna le signal de la résistance.

Le collége Girard est un des édifices les plus remarquables de l'Amérique ; il est construit en forme de temple grec de deux cents pieds de long sur cent-vingt de large, entièrement en marbre blanc, y compris la toiture, formée de larges dalles. Ce beau monument, consacré à l'éducation de la jeunesse, porte le nom de son fondateur, Étienne Girard, né à Bordeaux, en 1770, et mort en 1832 à Philadelphie, laissant à la ville et à diverses institutions philanthropiques la presque totalité de sa fortune.

Le pont Girard, sur le Schuylkill, est un magnifique ouvrage de fer ; c'est le pont le plus large du monde. Le jardin zoologique qui s'étend sur la rive droite de la rivière, offre une délicieuse promenade. Une foule endimanchée circule paisiblement à l'ombre de gros chênes. Tout ce monde, chiquant ou croquant des pommes, à l'air heureux et satisfait. Nul doute que ces promeneurs du dimanche, qui avaient payé vingt-cinq cents leur entrée, n'eussent apporté de préférence leur argent à l'Exposition si elle eut été ouverte ce jour-là. En quittant le jardin, je traverse la rivière en bateau pour me rendre à Lemon Hill, dans le parc Fairmouth. Au sommet d'une colline on a construit un élévateur tout en fer. C'est un gigantesque obélisque à claire-voie qui a coûté 80,000 dollars ; il y en a deux autres semblables sur différents points de la ville. L'ascension dure quatre minutes ; on arrive à 238 pieds au-dessus du sol sur une large plate-forme avec salon intérieur à l'abri du vent. L'immense cité de Philadelphie, plus étendue que Paris, se déroule tout entière à mes pieds avec son large fleuve qui se perd dans les brumes de l'horizon ; au nord, le parc et la forêt sans bornes.

Près de là se trouve un beau monument élevé en l'honneur du président Lincoln, qui y est représenté assis et tenant à la main la plume avec laquelle il vient de signer l'acte d'abolition de l'esclavage.

De larges allées sablées conduisent aux *water-worhs* établis sur les bords du Schuylkill, au pied d'une colline artificielle plantée de catalpas et servant de base aux immenses réservoirs qui alimentent la ville. Chacun peut visiter à toute heure ces puissantes machines mues par la rivière elle-même, et élevant les eaux à une hauteur de trente-et-un mètres, au moyen de huit grandes pompes foulantes. Une belle terrasse règne tout le long du fleuve.

Philadelphie s'enorgueillit avec raison de son beau parc de Fairmouth, qui couvre une superficie de 1,400 hectares, et s'étend sur les deux rives du Schuylkill et de la rivière Wissahickon. De petits vapeurs circulent incessamment sur les eaux limpides du fleuve, dont les rives pittoresques et les îles rocheuses offrent une succession continue de charmants paysages. Sur la rive gauche s'étage en amphithéâtre le vaste cimetière de Laurel Hill, dont les innombrables monuments en marbre blanc se détachent sur un fond de sombre verdure. Une foule de légers équipages luttent de vitesse le long des allées qui bordent le rivage et disparaissent plus loin dans les profondeurs du bois. La promenade le long du Wissahickon est surtout très fréquentée ; nulle part la forêt ne se développe avec autant de majesté. Sous l'influence de l'automne, le feuillage s'est paré des couleurs les plus éclatantes. Nos parcs Européens, plantés de main d'homme, ne donnent aucune idée de pareilles splendeurs. Ici, c'est la forêt vierge avec ses majestueux colosses, tels que la nature les a créés, dominant le fouillis d'une végétation serrée et croissant en pleine liberté.

Au retour, je visitai la belle machine qui fournit l'eau à tous les bâtiments de l'Exposition. J'y remarquai une réduction microscopique de la même machine et fonctionnant par le même procédé. Les cylindres et les tuyaux en verre transparent permettaient de saisir l'ingénieux mécanisme jusque dans ses moindres détails.

IX.

NEW-YORK. — BROOKLYN. — LE FLEUVE HUDSON. TRAVERSÉE DE RETOUR.

La ville de New-York s'étend sur la longue île de Manhattan, située à l'embouchure de l'Hudson, qui lui sert de limite du côté de l'ouest ; au sud elle est bornée par une magnifique baie où pénètrent les eaux de l'Atlantique. La rivière de l'est qui contourne sa partie orientale est formée par un bras de mer resserré, qui la sépare de Long-Island. Le 24 septembre dernier, on a fait sauter les rochers sous-marins, qui en interdisaient, du côté du nord, l'accès aux navires d'un fort tonnage.

Son admirable position au fond d'une baie spacieuse, le long d'un fleuve navigable, sur une étendue de deux cent cinquante kilomètres dans l'intérieur des terres, est la cause du prodigieux développement de son commerce maritime. A l'époque de la révolution de 1776, New-York ne comptait que 23,000 habitants ; aujourd'hui, en y comprenant les cités annexes de Jersey et de Brooklyn, sa population dépasse deux millions d'âmes.

Ses premiers fondateurs n'eurent pas la prévision de sa grandeur future ; aussi, dans l'ancienne ville basse, les rues sont-elles étroites et plus ou moins tortueuses ; mais, à partir de Houston-Street, on a tracé dans l'axe de l'île Manhattan douze grandes avenues qui la parcourent dans toute sa longueur. Les rues transversales portent toutes un numéro d'ordre. De la cinquième à la huitième avenue et de la cinquante-neuvième à la cent-dixième rue, on a réservé un vaste parallélogramme. C'est aujourd'hui le Parc Central, créé en 1858, et déjà l'un des plus beaux parcs du monde.

La partie méridionale de la ville est consacrée uniquement aux affaires ; toute la journée il y règne une animation extraordinaire ; à cinq heures, les offices et les bureaux se ferment ; les négociants regagnent à la hâte leurs somptueuses demeures situées dans les aristocratiques avenues de la ville haute, et, ce quartier, tout-à-l'heure si bruyant, devient presque désert jusqu'au lendemain matin.

Broadway est la grande artère de la cité ; cette rue célèbre prend naissance à la Batterie, belle promenade au bord de la mer, et pavée de superbes dalles. On y a une vue magnifique sur l'île de Staten, Brooklyn, et les innombrables navires qui sillonnent les eaux profondes et tranquilles de l'incomparable baie de New-York. Malgré tous ces avantages, la Batterie est très peu fréquentée ; les gens affairés qui encombrent les rues voisines n'ont pas de temps à perdre et ne songent guère à s'y promener. Après avoir traversé toute la vieille ville, Broadway vient aboutir à l'hôtel de ville et à la poste, l'un des plus beaux édifices de la cité ; là, elle devient plus large, et, sur presque tout son parcours, est bordée de vastes magasins et de constructions monumentales, telles que l'hôtel de la Compagnie des Assurances sur la vie, la librairie méthodiste, l'hôtel Saint-Nicolas, etc. La richesse des matériaux ne le cède en rien à l'immensité des proportions. Quelques-uns de ces édifices sont entièrement en marbre blanc, d'autres en granit ou bien en grès rouge. Les cars qui sillonnent toutes les avenues de New-York sont remplacés dans Broadway par de petits omnibus ornés d'arabesques aux couleurs éclatantes, sur un fond de peinture jaune ; il n'y a pas de conducteur pour recevoir l'argent ; c'est le voyageur qui dépose lui-même le prix de sa place dans une petite boîte qui, le soir, se transforme en lanterne. La traversée de Broadway présente, parfois, de sérieux dangers, à cause de l'encombrement des voitures ; à de certains points, on a établi des passerelles dallées ; on est sûr d'y trouver un policeman chargé, du matin au soir, d'accompagner les dames et de prévenir tout accident ; souvent plusieurs ladies attendent leur tour, et le consciencieux agent de la force publique a fort à faire pour tirer d'embarras sa clientèle féminine.

Un mouvement aussi considérable que celui de Broadway règne sur toute la ligne des quais de l'Hudson et de la rivière Orientale ; d'innombrables jetées ou *Wharfs* forment autant de débarcadères où les navires accostent directement. Ce ne sont partout qu'entrepôts de marchandises, montagnes de balles de coton, pyramides de houille ou de fûts de pétrole.

Le nouveau pont qui doit réunir New-York à Brooklyn n'est pas encore achevé; deux piliers énormes se dressent à une hauteur prodigieuse sur chaque rivage ; lorsqu'il sera terminé, ce pont suspendu sera, sans contredit, le plus beau du monde entier, et les plus gros navires pourront passer dessous à voiles déployées (1).

D'énormes bacs à vapeur ou *ferries* encombrés de passagers, de chevaux et de voitures et semblables à des rues ambulantes, traversent incessamment la rivière orientale et relient New-York à Brooklyn sur un grand nombre de points. Il est curieux de voir manœuvrer ces colosses au milieu de la foule des navires qui se pressent sur l'étroit bras de mer, et d'examiner avec quelle précision mathématique ils viennent s'emboîter exactement dans les bassins qu'ils remplissent tout entiers de leur énorme masse.

Brooklyn s'étend sur la rive de Long-Island, en face de New-York, dont elle forme comme un faubourg peuplé d'un demi-million d'âmes. Les beaux arbres qui ombragent ses larges et tranquilles avenues, ses jolies maisons de briques, ornées d'un jardinet sur le devant, lui donnent un aspect séduisant. A l'heure où se ferment les magasins de New-York, Brooklyn présente une animation vraiment extraordinaire ; les ferries déversent

(1) En voici les dimensions exactes :

Hauteur des piliers, 85 mètres ; profondeur des fondations au-dessous du lit de l'East-River, 25 mètres ; longueur entre les deux piliers, 500 mètres; longueur totale, 1,800 mètres ; largeur, 26 mètres ; hauteur du tablier au-dessus des plus hautes marées, 40 mètres.

incessamment toute une population de commis et d'employés fuyant le bruit et l'encombrement de la grande cité. Les cars se suivent à la file dans les rues principales ; à peine arrivés à la station, les chevaux sont dételés et réattelés de suite en avant du lourd véhicule qui se remet en marche sans le moindre temps d'arrêt. Après le rude labeur de la journée, chacun a hâte de retrouver le calme et le repos du foyer.

A Brooklyn, comme à New-York, de gigantesques affiches suspendues en travers des rues, attestent les préoccupations politiques du jour ; larges et hautes d'au moins dix mètres, elles portent alternativement les noms de Hayes et Tilden, candidats des partis opposés. Dans la même rue, les Head Quatrers (Quartiers Généraux), républicains et démocrates, occupent en face l'un de l'autre une maison semblable toute couverte d'affiches et de transparents multicolores. Les élections présidentielles devaient avoir lieu en novembre ; aussi l'agitation était-elle à son comble. Chaque soir, soit à Philadelphie, soit à New-York, j'ai été le témoin de *parades* dans le genre de celle San-Francisco ; moins nombreuses et moins bien organisées, elles se composaient seulement de quelques centaines de citoyens, la plupart hommes de couleur, défilant à pied ou à cheval, aux sons d'une musique étourdissante et brandissant des transparents illuminés.

Le cimetière de Greenwood occupe, à l'extrémité sud de Brooklyn, un vaste terrain accidenté et élevé de quelques centaines de pieds au-dessus de la mer. Il passe pour le plus beau des États-Unis. C'est un véritable parc orné de belles routes, de pièces d'eau, de cascades, et formant un lieu de promenade très suivi : on y pénètre en suivant une longue avenue de platanes au bout de laquelle s'ouvre une porte monumentale en grès rouge, de style gothique ; au point culminant du cimetière, on a élevé un fort beau monument en mémoire des citoyens de New-York qui ont perdu la vie pendant la guerre de sécession ; de là on découvre une vue splendide sur la baie de New-York, les innombrables navires et l'immense cité. De somptueux monuments funéraires sont disséminés çà et là sur le penchant de collines gazonnées ; entourés de massifs de fleurs et de verdure ou bien à demi cachés sous de beaux arbres aux feuilles rouges et couverts en cette saison d'une infinité de petits fruits écarlates. Toute idée lugubre disparaît en présence de cet heureux assemblage de la nature et de l'art.

Chaque samedi, à quatre heures du soir, un steamer de la Compagnie française Transatlantique quitte New-York pour se rendre au Hâvre en faisant escale à Plymouth.

J'avais arrêté mon passage de retour sur l'*Amérique*, dont le départ réglementaire devait avoir lieu le 14 octobre ; mais ce navire, ayant été retardé par le mauvais temps, n'était arrivé que le jeudi soir, et ne pouvait reprendre la mer que le dimanche 15 octobre. J'avais donc un jour de plus à passer à New-York ; j'en profitai pour faire une excursion sur le fleuve Hudson que je remontai jusqu'à Neubourg, à 100 kilomètres de son embouchure. Le fleuve a plus d'un kilomètre de largeur en face de New-York ; mais, à mesure qu'on s'éloigne, il s'élargit davantage. Le paysage est splendide ; sur la rive gauche, on passe en revue d'innombrables débarcadères, puis de charmantes maisons de plaisance. Le territoire de la ville de New-York occupe le long du fleuve une étendue de vingt-huit kilomètres, dont la moitié seulement est construite.

Plus loin, au-delà de la rivière Harlem, le relief du terrain s'accentue, les villas deviennent plus rares, on entre en pleine campagne ; sur la rive droite se dressent les fameuses Palissades ; une ligne continue de rochers perpendiculaires borde cette partie du fleuve sur une longueur de trente-deux kilomètres ; leur hauteur s'élève progressivement, de deux cents jusqu'à cinq cent cinquante pieds.

Au sortir des palissades, l'Hudson s'agrandit considérablement ; en face de la prison de Sing-Sing, il a plus d'une lieue de large ; au-delà du promontoire de Croton, il s'épanche au loin, formant une large baie, puis, bientôt après, pénètre dans un défilé sinueux bordé de hautes montages boisées. Toute cette partie de son cours est extrêmement pittoresque ; c'est là que s'élève, dans une situation ravissante, à mi-côte, et sur un plateau dominant la plaine, l'école militaire de West-Point. Au second plan se dressent de hautes montagnes escarpées, couvertes de forêts ; la station suivante, Neubourg, où j'attendis pendant deux heures le bateau qui devait me ramener à New-York, est une insignifiante petite ville de 15,000 habitants, parmi lesquels on compte un grand nombre d'Allemands. Les vapeurs de l'Hudson sont parfaitement aménagés pour l'agrément des nombreux passagers qui journellement font sur ce beau fleuve des excursions de plaisir. Ils se recommandent surtout par la rapidité de leur marche. En montant comme en descendant, nous ne fîmes jamais moins de trente-deux kilomètres à l'heure. Une concurrence active leur est faite par l'Hudson-river-Railroad, qui, partant d'Albany, à deux cent trente kilomètres de New-York, suit constamment la rive gauche du fleuve, s'enfonce dans de longs tunnels creusés dans le roc, s'élance sur des pilotis au-dessus des eaux, contourne des rivages sinueux et parvient à son but en dépit de tous les obstacles accumulés sur sa route.

Nous sommes au dimanche 15 octobre; le thermomètre marque 0°; il a neigé cette nuit. Avant de quitter l'Amérique, peut-être pour toujours, je veux faire une dernière visite au Central-Park, cette merveille de New-York. Une bise glaciale souffle à travers les allées désertes et chasse au loin des tourbillons de feuilles mortes.

La neige recouvre d'un blanc tapis les pelouses, hier encore si verdoyantes; l'eau des lacs clapote lugubrement et me fait songer aux vagues de l'Atlantique que je vais affronter de nouveau. Cependant, je veux accomplir jusqu'au bout mon devoir de touriste, et, le plan à la main, je visite le labyrinthe, le mail, les grottes, la terrasse de marbre et le belvédère, d'où l'on aperçoit les immenses bassins de granit qui servent de réservoir aux eaux de la ville.

En résumé, le Park-Central est tout-à-fait digne de sa réputation; c'est une superbe promenade de 350 hectares, admirablement entretenue, et dans laquelle on a reproduit avec un art véritable, et souvent avec une grande magnificence, les aspects les plus variés de la nature.

Au retour, je suivis l'avenue Madison; on y achève, près de Central-Park, une église catholique destinée à devenir la cathédrale de New-York. Ce monument, tout en granit, d'un bon style gothique et conçu dans de larges proportions, sera, sans contredit, la plus belle église de la ville. L'avenue Madison se poursuit à travers une succession presque continue d'églises, de superbes maisons et d'établissements publics, d'une architecture riche et variée. Du reste, tout ce nouveau quartier est réellement magnifique.

Je ne puis quitter New-York sans dire un mot des chemins de fer aériens qui circulent dans certaines de ses rues et que je n'ai rencontrés dans aucune autre ville d'Amérique.

La voie ferrée, placée à la hauteur du premier étage, est soutenue par de minces colonnes de fer ; tantôt elle occupe la partie centrale de la rue, tantôt elle se développe au-dessus des trottoirs ; dans ce dernier cas surtout, ce doit être un voisinage fort désagréable pour les habitants.

Cinq grands steamers appartenant à diverses compagnies, sont partis la veille pour l'Europe. C'est aujourd'hui dimanche ; l'*Amérique* est le seul vapeur en partance ; à quatre heures précises, la passerelle est retirée et nous sortons du dock. Le temps est toujours très froid et le vent souffle avec une violence extrême.

Mon voyage est terminé ; en trente-neuf jours, j'ai traversé deux fois le continent Américain dans sa plus grande largeur, du détroit de Belle-Isle à l'Océan Pacifique, et de San-Francisco à New-York. Maintenant, une nouvelle période de calme et de repos va commencer pour moi ; délivré des mille soucis du touriste en voyage, je n'ai plus qu'à me laisser conduire par le vaillant navire auquel je me suis confié.

Les passagers de première classe sont peu nombreux à bord ; aussi suis-je parfaitement installé, seul dans une confortable cabine à quatre lits, éclairée par deux hublots.

L'*Amérique* est un beau et bon bateau de 124 mètres de long sur 13 mètres 50 centimètres de large ; la salle à manger est magnifiquement décorée de grandes glaces, de boiseries finement sculptées, de panneaux et de colonnes de marbre. Le service de la table ne laisse rien à désirer.

Notre machine est de la force de 850 chevaux ; l'hélice fait cinquante-cinq tours à la minute. Un ingénieux système de numérotage enregistre chaque tour depuis le commencement du voyage ; lorsque la plaque indicatrice marquera le chiffre de 815,000, nous serons bien près du Hâvre.

Notre excellent capitaine, M. Pouzolz, commande à un personnel de 169 hommes, dont 70 chauffeurs et 36 matelots.

Deux jours après notre départ, et bien que nous ayons remonté de plusieurs degrés vers le nord, la température s'est sensiblement radoucie, sans doute parce que nous naviguons dans les eaux du gulf stream. Le 19, nous traversons le grand banc de Terre-Neuve ; reconnaissable à la couleur de l'eau qui de bleu foncé devient vert pâle. Nous passons au milieu d'une innombrable quantité de mouettes ; leurs troupes serrées, bercées par les vagues, forment comme un nuage blanc à la surface de la mer ; à notre approche, elles s'élèvent en tourbillonnant et décrivent mille circuits autour du navire. Nous avons l'heureuse chance de rencontrer le soleil et le beau temps dans ces parages qu'un épais brouillard recouvre presque toute l'année, et surtout en cette saison.

Poussés par un vent favorable, nous avançons rapidement pendant les jours suivants ; comme la brise souffle directement à l'arrière et que nous marchons à toutes voiles, le roulis est considérable. Le 21, nous avons une voile entièrement déchirée par le vent qui a encore fraîchi ; cet accident est bien vite réparé. Le 22, par un beau soleil et une température très douce, nous dépassons un des steamers partis le samedi de New-York et qui avait un jour entier d'avance sur nous.

Le 23, le vent a tourné et entrave notre marche ; la pluie tombe par rafales, et il est impossible de se tenir sur le pont, sauf à l'extrême arrière où je trouve un abri près de la chambre du gouvernail. De ce poste d'observation, la mer agitée offre un magnifique spectacle ; par suite du vent de bout le tangage est très fort, et vient pour la première fois se joindre au roulis. L'arrière du navire se dresse à une hauteur prodigieuse, puis retombe brusquement : tantôt je suis au-dessous du niveau des vagues, tantôt je les domine d'une grande hauteur, et je les vois s'avancer à la file les unes des autres, couronnées d'écume et séparées par de profondes vallées dont la forme et l'emplacement varie à chaque instant. L'écume chassée par la tempête s'éparpille au loin ; sous le choc de l'hélice les eaux bouillonnantes passent du bleu sombre au vert clair lumineux et se creusent en sinistres tourbillons. Une pluie continuelle assombrit l'horizon : au-delà de quelques centaines de mètres, on ne distingue plus rien.

Dans les conditions où elle se fait actuellement, la traversée de l'Atlantique de New-York au Havre est toujours, quelle que soit la saison, une sérieuse entreprise. Une dizaine de compagnies se font une concurrence active ; il en résulte que la sécurité est souvent sacrifiée à la rapidité de la marche ; c'est un steeple-chase, une lutte à qui arrivera le premier ; il faut marcher quand même, avancer toujours, même par le mauvais temps, même par le brouillard; de plus, tout le monde suit la même route au risque de terribles collisions.

L'Atlantique du nord, de toutes les mers du globe est peut-être celle qui offre le plus de dangers; glaces flottantes, brouillards, courants et variations subites de l'atmosphère, et ces dangers sont encore accrus par les causes que je viens de signaler.

Mais heureusement le mauvais temps ne dura qu'une journée; le vent s'apaisa pendant la nuit, et notre traversée s'acheva dans les meilleures conditions.

Le mercredi 25 octobre, le maître d'équipage signalait les îles Scilly ou Sorlingues à babord. Une heure après nous passions devant un groupe de rochers et d'îlots, aux pointes aiguës, que surmonte le phare de l'Evêqué. A onze heures, nous laissons sur la gauche le cap Lizard. Toute la journée nous longeons à une assez grande distance la côte de Cornouailles; les violents courants qui règnent dans ces parages nous retiennent au large. A la nuit seulement nous entrons dans la rade de Plymouth. On décharge la malle et quelques passagers; nous achetons des journaux anglais, et nous poursuivons, sans plus tarder, notre route vers le Havre, où nous arrivons le lendemain à onze heures et demie, juste à temps pour prendre l'express de Paris. La Manche est tranquille comme un lac, le temps magnifique et d'une douceur exceptionnelle pour la saison.

Onze jours auparavant j'avais laissé New-York en proie aux rigueurs d'un hiver prématuré; il me semblait qu'en France je retrouvais le printemps.

TABLE DES MATIÈRES

Pages.

Londres. — Manchester. — Liverpool. — La Traversée. 3

II.

Le Canada. — Québec. — Montréal. — Le Saint-Laurent. — Les Rapides. — Les Mille-Iles. — Le Lac Ontario. — Toronto.. 21

III.

Le Niagara. — Chicago. — Les chemins de fer en Amérique....... 35

IV.

De Chicago à San-Francisco. — Le chemin de fer du Pacifique.... 46

V.

San-Francisco. — Cliff-House. — Oakland.. 67

VI.

L'Utah. — Salt-Lake City. — Les Mormons 87

VII.

Saint-Louis. — Cincinnati. — Wahsington. — Baltimore.... 97

VIII.

Philadelphie. — La ville. — L'exposition. — Le parc Fairmouth. . 109

IX.

New-York. — Brooklyn. — Le fleuve Hudson. — Traversée de Retour...................... 127

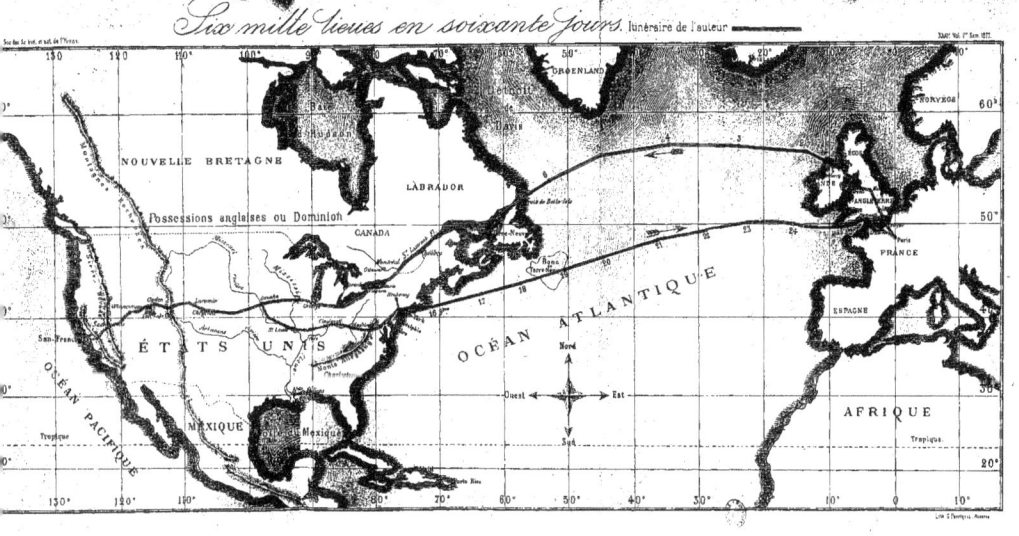

www.ingramcontent.com/pod-product-compliance
Lightning Source LLC
Chambersburg PA
CBHW060152100426
42744CB00007B/1002